Die Weine
von Mosel-Saar-Ruwer

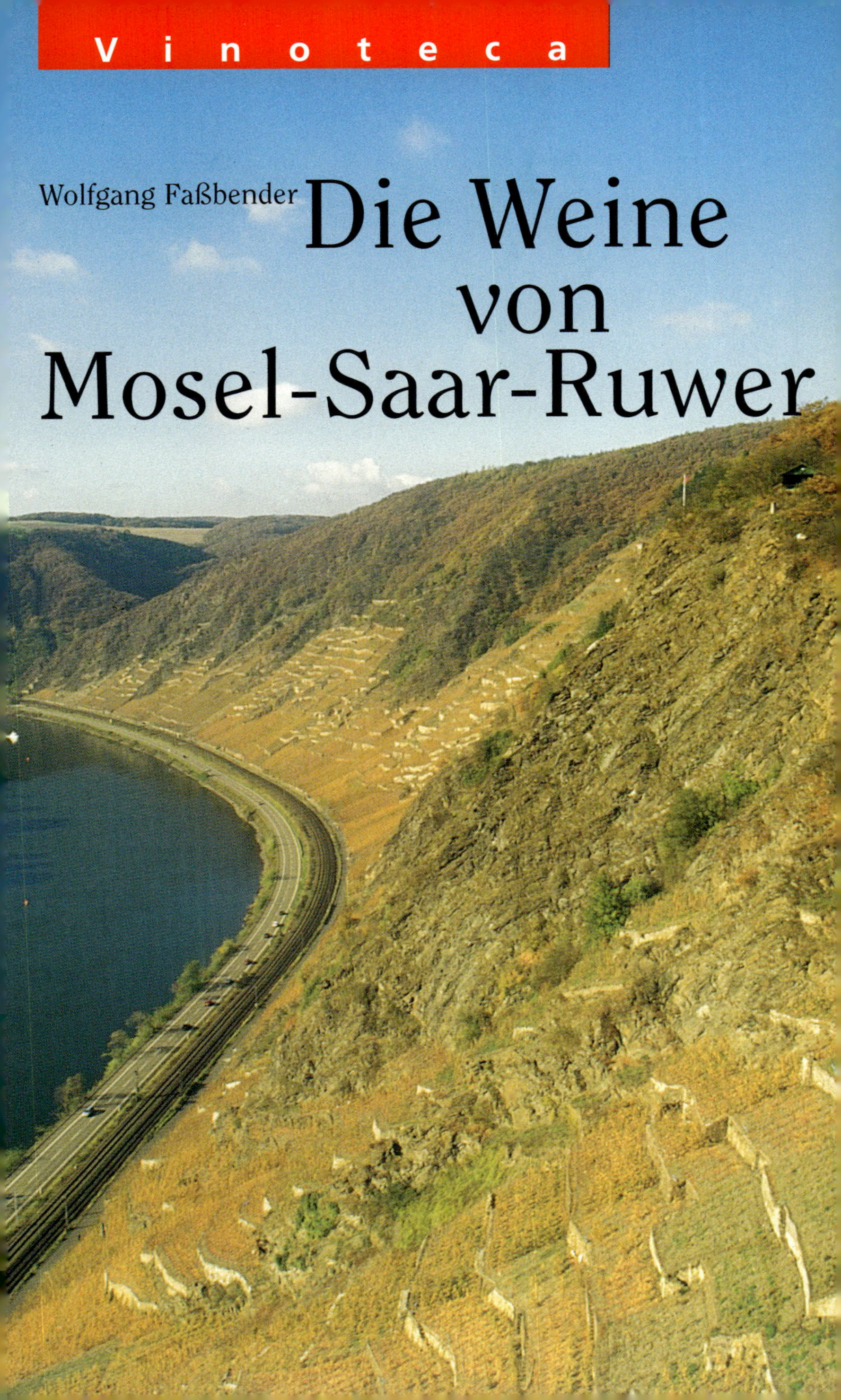

Vinoteca

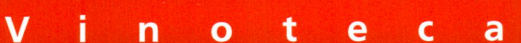

Wolfgang Faßbender

Die Weine von Mosel-Saar-Ruwer

Eine historische Weinbauregion

Wie Mosel-Saar-Ruwer seit
der Römerzeit zu einer der
berühmtesten Weinbau-
regionen Europas wurde.

Seite 8

Der Weg zum Wein Ihrer Wünsche

Was Weine aus der Region
zwischen Koblenz und Perl
so unverwechselbar und
einzigartig macht.

Seite 14

Die Weintypen von Mosel-Saar-Ruwer

Ein Überblick über die Lagen
entlang der drei Flüsse
Mosel, Saar und Ruwer, über
Rebsorten und Qualitäts-
stufen.

Seite 30

**Karte der Weinbau-
gebiete von Mosel-Saar-
Ruwer**

Seite 32

Die perfekte Harmonie: Wein & Speisen

Kulinarische Köstlichkeiten aus dem Moselland und die passenden Weine dazu.

Die schönsten Güter, die besten Weine

Ein Führer zu den berühmten Produzenten, den engagiertesten Newcomern und den Geheimtipps.

Die Vinoteca-Empfehlung: Die Weine mit dem besten Preis-Wert-Verhältnis

Gut einkaufen, klug einkellern, richtig servieren

Eine praktische Anleitung, wo Sie die Weine Ihrer Wünsche am besten einkaufen, wie sie gelagert und wann sie getrunken werden können.

Faszination des Rieslings

Die spät reifende Traube ist für fast alle großen Weine an Mosel, Saar und Ruwer verantwortlich. Doch geschmackliche Monotonie herrscht deshalb mitnichten vor! Auch innerhalb der Region gibt es eine große Bandbreite an Weinen. So unterscheiden sich beispielsweise die würzigen Rieslinge von der Terrassenmosel deutlich von den filigranen, duftigen Saarweinen – um nur zwei von so vielen Beispielen zu nennen.

Immer mehr Winzer setzen auf Qualität, begrenzen den Ertrag und ernten die Trauben im bestmöglichen Reifezustand. So entstehen Weine, die mit vielen Gerichten – beileibe nicht nur Fisch – ideal harmonieren. In meinem Restaurant ergeben sich fast täglich neue, faszinierende Kombinationen zwischen den servierten Speisen und Weinen von Mosel-Saar-Ruwer.

Helmut Thieltges
Restaurant »Sonnora« in Dreis

Eine historische Weinbauregion

Bereits die Römer erkannten die Bedeutung der Flusstäler von Mosel, Saar und Ruwer für den Weinbau. Dank der steilen Berge bekommen die Reben eine Extraportion Sonne ab, die Schieferböden tragen zum einzigartigen Charakter der Weine bei. Diese genießen seit Jahrhunderten Weltruf und sind keineswegs die harmlosen süßen Tröpfchen, als die sie hin und wieder dargestellt werden.

Riesling ist die unumstritten wichtigste Rebsorte des Anbaugebietes Mosel-Saar-Ruwer, der viertgrößten unter den 13 deutschen Weinregionen. Hier, in den Tälern zwischen Eifel und Hunsrück, wachsen Weine, die schon vor 2000 Jahren berühmt waren. Die Ursprünge des Rieslings, der wohl edelsten Weißweintraube der Welt, liegen im Dunkeln, doch seine Klasse ist oft bewiesen. Die heutige Bedeutung für den Weinbau an Mosel-Saar-Ruwer gewann er aber erst in den letzten beiden Jahrhunderten. Viele Kenner glauben, dass ein Riesling aus einer guten Mosel-Saar-Ruwer-Lage nicht zu übertreffen ist. In jedem Falle dürfte er der leichteste und filigranste unter allen Weinen sein.

Vereinigte Hospitien: Diese Stiftung besitzt den ältesten Weinkeller Deutschlands. Er geht auf das Jahr 330 n. Chr. zurück.

Römische Anfänge

Historischer als der Riesling aber ist der Elbling. 2000 Jahre Tradition hat diese Rebsorte auf dem Buckel, deren Name sich nach Ansicht vieler Forscher vom lateinischen Begriff »albus« (weiß) ableitet. Ob schon vor der Ankunft römischer Legionen hier Reben kultiviert wurden, ist nicht sicher, aber wahrscheinlich. Ohne Zweifel aber schätzten die Römer den Moselwein und erzeugten ihn in zahlreichen Keltern. Einige

Links: An den steilen Hängen entlang der Mosel wachsen Weine, die schon vor 2000 Jahren berühmt waren.

Weingeschichte von Mosel-
Saar-Ruwer

3. Jahrtausend v. Chr.: erste
Siedlungsspuren im Gebiet.
2. bis 4. Jh. n. Chr.: der römische Weinbau an der Mosel
steht in voller Blüte.
12. und 13. Jh.: aus dieser
Zeit sind die ältesten Lagennamen überliefert.
1485: der Riesling wird erst-
malig in Urkunden als
»Ruesseling« erwähnt.
1787: Kurfürst Clemens
Wenzeslaus ordnet die Be-
pflanzung mit Riesling an.
1868: Der preußische
Steuerrat Clotten erstellt eine
umfassende Klassifikation
der Mosellagen.
1878: das berühmte Wein-
schiff von Neumagen, ein
Dokument der römischen
Weinkultur, wird zufällig
entdeckt.
1960–85: die »süße Welle«,
Neuzüchtungen und Wein-
skandale machen dem
Image des Moselweines zu
schaffen.
1971: das neue deutsche
Weingesetz tritt in Kraft
ab 1985: immer mehr Win-
zer besinnen sich auf
Qualität.

dieser römischen Anlagen sind gefunden und
restauriert worden: in Erden, Piesport oder Maring-
Noviand. Die älteste unter ihnen stammt nach Schät-
zungen von Archäologen des Rheinischen Landesmu-
seums in Trier aus der Mitte des zweiten Jahrhunderts:
Die rund 14 mal 10 Meter große Kelteranlage liegt in-
mitten der bekannten Weinlage Erdener Treppchen.

In der Antike versorgten solche Weinbetriebe die
Großstadt Trier (sie zählte damals bis zu 80 000 Ein-
wohner) mit Wein, doch der Rebensaft wurde auch ex-
portiert. Welchen Einfluss die römische Epoche auf die
Mosel hatte, wird deutlich bei den Namen der moselländischen Weinorte, die sich häufig aus dem Lateinischen ableiten.

Siegeszug des Rieslings

Im Mittelalter und bis weit in die Neuzeit hinein wuchsen an der Mosel weiße und rote Reben wild durch-
einander. Die Epoche des Rieslings, der zuvor eine Sorte unter vielen war, brach erst im 18. Jahrhundert an.
Wichtigen Anteil am Durchbruch dieser Edelrebe hatte Clemens Wenzeslaus, Fürstbischof zu Trier. Er ord-
nete 1787 an, dass nur mehr edle Reben anzupflanzen
seien – den allzu säuerlichen Elbling, den man ihm als
Zehnten ablieferte, wird er leid gewesen sein. Die Ver-
ordnung wurde freilich nicht sogleich umgesetzt, es
sollte fast ein Jahrhundert vergehen, bis alle guten Weine aus Riesling erzeugt wurden. Der Klerus selber war
übrigens zu jenen Zeiten der wichtigste Weinprodu-
zent weit und breit – und ist es auch heute noch. Hohe
Domkirche, Priesterseminar, Bischöfliches Konvikt,
zahlreiche Klöster und Stiftungen oder das von Jesuiten
gegründete Friedrich-Wilhelm-Gymnasium besaßen
fast alle guten Weinberge. Ihr Einfluss endete weitgehend mit der Säkularisierung Anfang des 19. Jahrhun-

derts, doch zählen die Bischöflichen Weingüter noch heute zu den großen Weinbaubetrieben.

Aufstieg einer Weinbauregion
Rang und Namen des Moselweines begründete sich vor allem im ausgehenden 19. und in der ersten Hälfte des 20. Jahrhunderts. Gefördert wurde der Boom durch die starke Nachfrage aus Preußen. Auch die aus Amerika eingeschleppte Reblaus, anderswo in Europa verheerend, hatte an der Mosel nicht so dramatische Auswirkungen. Noch heute existieren hier zahlreiche wurzelechte Reben, wenngleich die reblausresistenten Pfropfreben dominieren. Es wurde überwiegend Riesling angebaut, Elbling- und Burgunderreben spielten nicht mehr die erste Geige. Steillagen wie Bernkasteler Doctor, Brauneberger Juffer, Wehlener Sonnenuhr oder Scharzhofberger gelangten zu Berühmtheit, hier erreichten die Weine dank Hangneigung, Südausrichtung und demzufolge hoher Sonneneinstrahlung höchste Reife. Mosel-Saar-Ruwer-Wein genoss nicht nur beim deutschen Kaiser Ansehen, sondern wurde auch am russischen Zarenhof getrunken und stand gleichberechtigt neben den berühmtesten Bordeauxweinen – auch preislich!

In aller Regel wird der typische Moselriesling damals trocken gewesen sein, geprägt vom langsamen Ausbau in den klassischen Holzfässern. Die meisten Winzer betrieben Weinbau als Nebengeschäft, widmeten sich auch anderen Zweigen der Landwirtschaft und verkauften ihren Wein billig im Fass. Die »süße Welle« begann erst einige Jahre nach dem Zweiten Weltkrieg, und sie spülte leider auch das gute Image hinweg, das sich der Moselwein zuvor erworben hatte. Moderne Technik erlaubte es nun, die Gärung zu stoppen, viele harmlose »Weinchen« wurden mit konzentriertem

Steckbrief der Weinwirtschaft

11 559 Hektar Rebfläche
(davon ca. 50 Prozent in Steil- und Terrassenlagen)
viertgrößtes deutsches Weinbaugebiet
6 Bereiche
20 Großlagen
523 Einzellagen
1,4 Millionen Hektoliter Wein pro Jahr
6429 Weinbaubetriebe

Wichtigste Traubensorten:
Riesling (6396 Hektar)
Müller-Thurgau (2462 Hektar)
Elbling (1070 Hektar)
Kerner (884 Hektar)

Weincharakter:
blassfarben, im Allgemeinen leicht, spritzig, mit frischer, pikanter Säure; viele Weine besitzen leichte, unaufdringliche Süße, aber es gibt auch ausgezeichnete trockene Weine.

Moselwein ist heute besser, als er es jemals war. Die Vielzahl der Spitzenwinzer bestätigt dies.

Das Qualitätsbewusstsein hat sich im Laufe der Jahre geändert. Heute wissen engagierte Winzer, dass sie sich auf die Stärken ihrer Weine besinnen müssen, um auf dem internationalen Parkett mitzuspielen. An den steilen Hängen wachsen Weine verschiedenster Stilrichtungen.

Traubenmost, der so genannten Süßreserve, aufgepäppelt. Und jene Zeiten, als Moselweine ganz legal mit Zuckerwasser »verbessert« werden durften, sind nicht lange vorüber – noch 1984 wurde so verfahren.

Ungeahntes Qualitätsbewusstsein

Und heute? Nach wie vor ärgern sich viele qualitätsbewusste Winzer im viertgrößten deutschen Anbaugebiet über die Ausweitung der Spitzenlagen, wie sie vom Weingesetz 1971 eingeführt wurde. In vielen drittklassigen Parzellen wachsen Weine, welche die gleichen klingenden Namen tragen dürfen wie jene der berühmtesten Steilhänge. Auch die Fixierung aufs Mostgewicht als das wichtigste Qualitätskriterium hat sich als fatal erwiesen – in den Siebzigerjahren des 20. Jahrhunderts wurden Neuzüchtungen, auf Oechslerekorde programmiert, in Mengen gepflanzt. Und die berüchtigten Großlagen, die vom Verbraucher kaum von renommierten Einzellagen zu unterscheiden sind, tragen auch nichts zum Imagegewinn des Mosel-Saar-Ruwer-Weines bei. Mehrere Weinpanschereien bis 1985 waren der Höhepunkt einer falschen Entwicklung – und gleichzeitig eine Wendemarke.

Aber dennoch: Nie zuvor kämpften so viele engagierte Weinmacher um den Kunden. Rieslinge verschiedener Stilrichtungen kommen von der Terrassenmosel nahe Koblenz ebenso wie von der Mittelmosel, der Saar oder der Ruwer. An der Obermosel werden frische und spritzige Elblinge erzeugt. Neben fruchtig-leichten Müller-Thurgau-Weinen (heute oft Rivaner genannt) genießen auch Spezialitäten wie Weißburgunder oder Chardonnay Ansehen. Nicht zu vergessen der Rotwein, den die Moselwinzer in unserem Jahrhundert schon fast vergessen hatten. 1986 wurde sein Anbau nach langen Jahren des Verbots wieder gestattet.

Immer mehr setzt sich die Erkenntnis durch, dass Moselwein nur eine Chance auf dem internationalen Weinmarkt hat, wenn er sich auf seine Stärken besinnt. Und die heißen Frucht und Rasse, Eleganz und pikante Säure – aber nicht unbedingt Alkohol.

Strukturwandel an der Mosel

Ein dramatischer Strukturwandel hat die Mosel seit einigen Jahren ergriffen: Immer mehr der traditionell kleinen Winzerbetriebe an der Mosel geben auf, ihre Zahl sank von 13 770 (in den Jahren 1972/73) auf nur mehr 6429 im Jahr 1997. Die Fassweinpreise steigen nicht über ein bedrückend niedriges Niveau hinaus und machen diese Art der Vermarktung sowie die Steillagenbewirtschaftung vielfach unattraktiv. Weinkellereien und Winzergenossenschaften erlösen kaum zufrieden stellende Preise für ihre Weine. Für die engagierten Winzer aber wird es eine Zukunft geben: Sie besinnen sich immer häufiger auf niedrigere Erträge, auf verbesserte kellertechnische Methoden, auf Ganztraubenpressung oder kühle, langsame Gärung. Und auf ein zeitgemäßes Marketing: Die Versteigerungen des »Großen Ringes« sowie des »Bernkasteler Ringes« (S. 40) werden alljährlich zu spektakulären Bieterschlachten um die besten Weine, in jüngerer Zeit kamen Winzervereinigungen wie die »Leiwener Jungwinzer« dazu. Aber auch Organisationen wie »Mosel 2000« fördern das Ansehen des Rieslings der Region. Längst ist auch Wein nicht mehr das einzige Produkt des Anbaugebietes: Winzersekt, Riesling-Tresterbrand, aber auch selbst gemachte Weingelees werden in den Moseldörfern zum Verkauf angeboten. Ab dem Frühjahr öffnen überall die Straußwirtschaften. Moselwein ist heute nicht nur vielfältiger – er ist vermutlich auch besser, als er jemals war.

Für die Moselwinzer ist die Arbeit in den Steillagen mit hohen Strapazen verbunden.

Der Weg zum Wein Ihrer Wünsche

In diesem Kapitel lernen Sie die Vielfalt der Weine von Mosel-Saar-Ruwer kennen und erfahren, welche Faktoren für die Qualität eines Weines wichtig sind. Die Vinoteca zeigt Ihnen Schritt für Schritt, wie Sie bei der Weinauswahl vorgehen und welche Kriterien Sie beim Einkauf berücksichtigen sollten.

Bevor man sich Gedanken darüber macht, welchen Wein man kaufen möchte, muss man wissen, was einem schmeckt und worauf man Wert legt. Ist es die Rebsorte, der Jahrgang, der Winzer, die Geschmacksrichtung? Wer sich mit diesen vier Fragen auseinandersetzt, kann sich einen Überlick über die Vielfalt der Weine von Mosel-Saar-Ruwer verschaffen und wird den passenden Wein für jede Gelegenheit und jeden Geschmack finden.

Zur Qualitätsbestimmung eines Weines sind vor allem folgende Fragen zu beantworten:

a	Aus welcher Rebsorte stammt der Wein?
b	Welches »Terroir« (Bodenbeschaffenheit und Klima) hatte Einfluss auf die Reben?
c	Wie erfolgte der Anbau im Weinberg und der Ausbau im Keller?
d	Wie war der Jahrgang?

All diese Faktoren bestimmen die Qualität eines Weines. Um Ihnen die Übersicht zu erleichtern, haben wir die nebenstehenden Symbole entwickelt, die Sie durch dieses Buch führen werden.
Über die Qualität der Weine informiert die Anzahl Sterne von ★ bis ★★★★★.

Folgende Kriterien bestimmen die Qualität des Weines

Rebsorte

Terroir

Winzer

Jahrgang

Weinqualität

Links: Die klassische Schlegelflasche ist zum »Markenzeichen« der Moselweine geworden.

Entscheidungskriterien beim Einkauf

Bevor Sie einen Wein kaufen, sollten Sie folgende Fragen klären:

A   Soll es ein Rotwein ❢ oder Weißwein ❣ sein? Trinken Sie lieber trockene oder liebliche Weine? Möchten Sie einen leichten oder gehaltvollen Wein?

B   Suchen Sie einen Wein zum sofortigen Genuss ❚ oder soll er gelagert werden ➡?

C   Möchten Sie den Wein zum Essen trinken ❤ und um welche Art von Essen handelt es sich?

D   Was wollen Sie für den Wein bezahlen? Die in diesem Buch angegebenen Preissymbole ❶ – ❺ sind Ihnen bei der Auswahl behilflich.

Die Vielfalt der Weine von Mosel-Saar-Ruwer

Die Weinberge entlang der Flüsse Mosel, Saar und Ruwer bieten eine reiche Palette an Gewächsen. Im Gegensatz zu anderen berühmten Weißweinregionen – die moselländischen Rotweine spielen mengenmäßig keine große Rolle – leben Mosel-Saar-Ruwer-Weine von einer filigranen Säure. Sie sind moderat im Alkohol und häufig, aber keineswegs immer, mit einer harmonischen Süße ausgestattet. Beerenauslesen, Trockenbeerenauslesen und Eisweine, welche ihre cremige Fülle besonders zuckerreichen Beeren verdanken, gehören zu den edelsten Süßweinen der Welt.

Immer mehr Winzer in diesem Anbaugebiet beherrschen aber auch die Erzeugung trockener Spitzenweine perfekt. Im Allgemeinen werden Moselweine in die klassische grüne Schlegelflasche mit 0,75 Liter Inhalt (links im Bild) abgefüllt, doch verwenden einige Winzer auch andere Flaschenvarianten.

Drei Beispiele für die Vielfalt der Weine von Mosel-Saar-Ruwer

Das Anbaugebiet Mosel-Saar-Ruwer bietet für jeden Geschmack den passenden Wein. Sei es zum sofortigen Trinkgenuss, zum Sonntagsessen oder zur Lagerung, den Möglichkeiten sind keine Grenzen gesetzt. Die Preise für diese Weine sind sehr unterschiedlich.

❶ ab DM 8,– / € 4,–

❸ ab DM 21,– / € 10,–

❹ über DM 50,– / € 25,–

Beispiel eines Trinkweins:
Y Einfacher, rassiger Moselriesling, leicht, frisch, unkompliziert.
👄 Zum kleinen Imbiss, zu Fisch oder zum heimischen Sauerkrautgericht Gräwes. Mehr dazu: S. 38.

Beispiel eines Lagerweins:
Y Edle Riesling Spätlese. Sie kann mühelos zehn Jahre lang (und mehr) reifen.
👄 Fisch, Wild oder Fleischgerichte mit sahnigen Saucen. Mehr dazu: S. 38.

Beispiel Spitzenwein:
Y Süßweine verlangen einige Jahre der Reife und sind dann nahezu unbegrenzt haltbar.
👄 als Aperitif, zu Blauschimmelkäse, zum Dessert oder solo. Mehr dazu: S. 42.

Riesling zuerst

Der Riesling ist eine sehr anspruchsvolle Rebe, liebt gute
Lagen, besitzt eine grünliche
oder goldene Farbe und reift
sehr spät. So erreicht sie die
einzigartige Aromenfülle.
Rieslingweine duften oft
nach schwarzen Johannis-
beeren, Pfirsich, Ananas,-
Äpfeln oder sogar Eisbonbons
und reifen ausgezeichnet.

Müller-Thurgau

Leichte, frische Weine mit
zurückhaltender Säure liefert
der frühreife Müller-Thurgau
(oder Rivaner). Sie trinken
sich jung am besten und
duften zuweilen leicht nach
Muskat.

Kein Zweifel: Seit über einem Jahrhundert beherrscht der Riesling die Wein-
szene von Mosel-Saar-Ruwer unan-
gefochten. Und das nicht nur in
mengenmäßiger Hinsicht, sondern
auch in qualitativer. Von den insgesamt
11 559 Hektar Rebfläche sind nicht
weniger als 6396 Hektar mit der wohl
edelsten deutschen Weißweintraube
bepflanzt. Kennzeichen des Rieslings ist
stets die frische, spritzige, pikante Säure, welche die Weine lange am Leben
hält und ausgezeichnet altern lässt. Keine andere Weißweintraube der Welt
verbindet Rasse, Frucht und Eleganz im
Geschmack auf ähnliche Weise.

Freilich besitzt diese Traube auch Nach-
teile: Sie reift sehr spät und eignet sich deshalb nicht
für minderwertige Lagen, sie nimmt hohe Erträge übel
und muss daher rechtzeitig in ihrem Wuchs gestoppt
werden; Rebschnitt heißt das Zauberwort. Und anders
als bei manchen Neuzüchtungen sind Spät- oder Auslesen beim Riesling wirklich eine Ausnahme und nicht
die Regel. Übrigens existieren verschiedene Varianten
des Rieslings, so genannte Klone, mit voneinander ab-
weichendem Aussehen und Geschmack.

Alternativen zum König der Weißweine

Riesling ist Spitze, darüber sind sich die Winzer an
Mosel-Saar-Ruwer einig. Aber sollte man deshalb völlig auf den Anbau anderer Sorten verzichten? Selbst
viele der berühmtesten Weingüter haben andere Reben
in ihren Weinbergen stehen. Der Müller-Thurgau

(2462 Hektar), häufig als Rivaner vermarktet, reift erheblich früher als Riesling und ergibt leichte, frische, unkomplizierte Weißweine. Keine Tropfen zum Einlagern oder gar eine qualitative Konkurrenz zum Riesling, aber mit ihrer dezenteren Säure Alternativen für jene Weintrinker, welche die markante Rieslingsäure nicht mögen oder vertragen. Ähnliches gilt für den Kerner (884 Hektar). Der Elbling (1070 Hektar), eine anspruchslose und ertragreiche Sorte, ist keineswegs nur für säurebetonte und relativ neutrale Sektgrundweine gut. An der Obermosel und am so genannten Cochemer Krampen kann sie leichte, frische Zechweine ergeben. Ihre Variante, der Rote Elbling, beeindruckt mit zartrosa Farbe, fülliger und reifer Art.

Natürlich kein Vergleich mit den echten Rotweinen, meist aus den Sorten Blauer Spätburgunder oder Dornfelder, Saint Laurent oder Schwarzriesling erzeugt. Rote Reben stehen heute auf insgesamt 347 Hektar. Alle anderen Rebsorten (Grauburgunder, Chardonnay, Auxerrois, Weißburgunder etc.) spielen in diesem Konzert nur im Hintergrund, allein dem Weißburgunder ist eine eigene Stimme zuzutrauen. Er ergibt elegante Weine ohne jene Wucht, wie sie etwa Pfälzer oder badischen Vertretern dieser Sorte eigen ist. Ebenfalls in kleinen Anteilen vorhanden sind einige Neuzüchtungen (Ortega, Optima, Bacchus), die zwar hohe Mostgewichte, aber nur selten gute Weine liefern. Ihr Anteil geht erfreulicherweise zurück.

Elbling

Elbling, die älteste deutsche Weißweinrebe, ist eine anspruchslose, spät reifende Sorte. Sie ist vor allem an der Obermosel, aber auch in der Gegend von Cochem zu Hause und ergibt hohe Erträge und spritzig-leichte, eher neutrale Weine. Eine Variante ist der Rote Elbling mit rötlicher Beerenschale.

Spätburgunder darf erst seit 1986 an Mosel-Saar-Ruwer angebaut werden. Die empfindliche, spät reifende Sorte ergibt leichte, hellrote Weine, kann aber zu kräftig roten, gerbstoffreichen Gewächsen ausgebaut werden.

Mosel-Saar-Ruwer als Terroir

Der französische Begriff »Terroir« hat sich längst auch in Deutschland eingebürgert. Die Ableitung vom lateinischen »terra« (Erde) ist schnell erklärt, die deutsche Übersetzung von »terroir« wird da schon schwieriger. Gemeint ist das Zusammenspiel zwischen Boden, Klima und Rebsorte, das den Wein einer bestimmten Lage unverwechselbar macht.

Wie der Boden, so der Wein

Wie in kaum einem anderen Weinbaugebiet, prägt der Boden in der Moselregion den Wein. Mit Ausnahme der Obermosel sind es Schiefer- und Schieferverwitterungsböden, welche die Lagen zwischen Koblenz und Trier dominieren. Jenes Gestein also, das auch an der Saar und der Ruwer für zarten, mineralischen Weingeschmack sorgt.

Schieferboden (wie bei Reinhard Löwenstein, im Bild): Tonschiefer, Devonschiefer, Schieferverwitterung, Muschelkalk (Obermosel), Buntsandstein, Keuper (Moseltor)

Die Moselregion ist Teil des Rheinischen Schiefergebirges und verlor im Laufe der Zeit die vor Jahrmillionen entstandenen Deckschichten aus Sand, Ton, Kalk oder Keuper. Es blieb der pure Schiefer, in Form von Tonschiefer, Devonschiefer und ihren diversen Verwitterungsformen. Da und dort finden sich auch sandiger Kies, Schwemmsand, Buntsandstein und weitere Bodenarten. In den kargen Schieferböden, auf denen sonst fast nichts wächst, müssen die Reben tief wurzeln, um Nährstoffe aufnehmen zu können.

Nur in den Bereichen Obermosel und Moseltor hat sich der Muschelkalk über den Schieferschichten erhalten, teilweise existieren auch Buntsandstein und Keuper. Dem Elbling, aber auch den weißen und roten Burgundersorten kommt diese Bodenart entgegen.

Mikroklima macht den Geschmack

Aber auch vom weitgehend gleichen Untergrund geerntet, können die Weine vollkommen verschieden schmecken. Das Mikroklima innerhalb einzelnen Lagen und Parzellen übt entscheidenden Einfluss darauf aus, dass ein Riesling von der Lage Calmont nahe Cochem, dem mit 65 Grad oder 144 Prozent Hangneigung steilsten Weinberg Europas, eben vollkommen anders schmeckt als die gleiche Sorte von der Saar-Spitzenlage Ockfener Bockstein. Kurz gesagt: Je steiler der Weinberg, desto höher die Sonneneinstrahlung und desto reifer werden die Trauben. Aber noch weitere Faktoren spielen eine Rolle: die Ausrichtung der Weinberge – reine Südlagen sind das Nonplusultra –, die Nähe zum Wasser der Flüsse, welches die Sonnenstrahlen reflektiert, die Wasserversorgung der Weinberge oder der Einfluss des Windes. Dem besonderen Terroir der Mosel-Saar-Ruwer-Weinberge und seinem Ausdruck im Wein nachzuspüren, ist ein ganz besonders spannendes Unterfangen.

Klima

Jährliche Sonnenschein-
dauer: 1500 Stunden
Jahresdurchschnitts-
temperatur: 9,4 bis 9,9 °C
Niederschlagsmenge:
550–900 mm

Die Flüsse geben der Weingegend den Namen:
Mosel, Saar und Ruwer

Je steiler die Hänge sind,
desto höher ist die Sonneneinstrahlung und desto reifer
werden die Trauben.

Der Weinberg machts möglich

Auch wenn die Technik im Keller nicht zu vernachlässigen ist – die Voraussetzungen für die Güte des Weines werden draußen geschaffen. »Der Wein entsteht im Weinberg« ist eine Erkenntnis, die viele der Winzer an Mosel, Saar und Ruwer ohne zu zögern unterschreiben würden.

Eine gute Lage mit vorteilhaftem Mikroklima, ein gutes »Terroir« also, erleichtert die Erzeugung eines Spitzenweines. Rebsorte und Klon (Ableger mit gleicher Erbmasse), aber auch die Erziehungsmethoden der Rebe sowie die Laubarbeit tragen ihren Teil bei, ebenso wie der Rebschnitt. Letzterer entscheidet über den Ertrag und, in einem nicht zu verleugnenden Zusammenhang, auch über die Güte der geernteten Trauben und somit des zukünftigen Weines. Hohe Erträge

Das Jahr des Winzers: Winter/Vorfrühling: Rebschnitt (im Bild)
Frühjahr: Austrieb der Reben
Frühsommer: Blüte liebt warmes und trockenes Wetter
Sommer: Laubarbeit, eventuell Ausdünnen des Ertrages
Herbst: Weinlese

sind nicht eben förderlich für höchste Weinqualität. Viele qualitätsbewusste Winzer begrenzen deshalb bereits beim Rebschnitt im Winter den Ertrag. Ein Vorgang, der sich je nach Witterung im Sommer wiederholt, indem ein Teil der noch unreifen Trauben herausgeschnitten wird (Grünschnitt). Die Tatsache, dass in vielen Spitzenlagen alte, vielfach noch wurzelechte Reben stehen, vereinfacht die Angelegenheit: Hier ist der Ertrag ohnehin niedrig. Spitzenweingüter erzeugen nur sehr selten mehr als 80 oder 90 Hektoliter pro Hektar und häufig weitaus weniger. Mit solchem Qualitätsdenken geht der Ökologie-Gedanke einher: Immer mehr Weinbaubetriebe praktizieren biologischen Rebanbau.

Handarbeit in steilen Lagen

Wer einmal unterwegs war an der Mosel und die beinah alpin anmutenden Weinberge gesehen hat, der begreift die harte Arbeit der Winzer. Die Möglichkeiten der modernen Technik stoßen hier an ihre Grenzen, allenfalls die einspurigen Schienenbahnen erleichtern den Transport von Trauben ins Tal oder von Lesehelfern nach oben in die Weinberge. Maschinelle Lese jedoch ist in den klassischen Steillagen unmöglich und kommt allenfalls in einigen flachen Parzellen am Flussufer in Betracht. Neben der Drahtrahmenerziehung ist auch noch die traditionelle Einzelpfahlerziehung üblich an Mosel-Saar-Ruwer. Die in den letzten Jahrzehnten durchgeführte Flurbereinigung hat die Arbeit der Winzer ein wenig erleichtert: Die winzigen Terrassen wurden häufig durch große Parzellen abgelöst, Zufahrtswege wurden geschaffen. Doch im Vergleich mit anderen Weinbaugebieten ist der Arbeitsaufwand hier immens. Ein Unterschied, der sich leider nicht immer im erlösten Weinpreis ausdrückt. Immerhin beträgt der Produktionsaufwand pro Flasche in den Steillagen bis zu 9 Mark!

Maschinelle Unterstützung ist in den steilen Lagen von Mosel-Saar-Ruwer nur in sehr geringem Umfang möglich. An Handarbeit führt kein Weg vorbei.

Der Arbeitsaufwand für die Winzer ist immens, Handarbeit im Weinberg ist an der Tagesordnung.

Arbeit im Keller

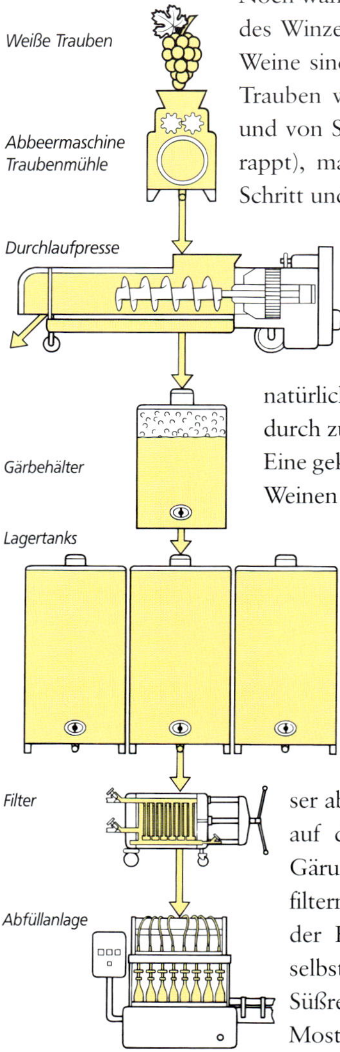

Weiße Trauben

Abbeermaschine
Traubenmühle

Durchlaufpresse

Trester

Gärbehälter

Lagertanks

Filter

Abfüllanlage

Noch während der Lese beginnt die wichtigste Arbeit des Winzers, die Weinbereitung. Mosel-Saar-Ruwer-Weine sind in der großen Mehrheit Weißweine. Die Trauben werden in einer *Traubenmühle* gequetscht und von Stielen und Blättern befreit (abgebeert, entrappt), manche Winzer verzichten auch auf diesen Schritt und praktizieren eine *Ganztraubenpressung*. In jedem Fall ist die Kelterung der nächste Arbeitsgang. Nach einer Phase des Vorklärens beginnt der wichtigste Vorgang der Weinbereitung, die alkoholische *Gärung*. Diese kann entweder spontan mit den natürlichen Weinbergshefen in Gang kommen oder durch zugesetzte Reinzuchthefen gestartet werden. Eine gekühlte, besonders langsame Gärung, die den Weinen mehr Aromen bewahrt, setzt sich seit einigen Jahren immer mehr durch.

Auch eine lange Lagerung auf der Feinhefe oder der Verzicht auf das Schönen und sogar *Filtern* gehören manchmal wieder zu den modernen Weinbereitungsmethoden. Anspruchsvolle Weingüter verwenden meist keine Süßreserve. In vielen Kellern haben Edelstahltanks mittlerweile die Fässer abgelöst, doch gibt es auch viele Winzer, die auf den Holzfassausbau schwören. Wird die Gärung nicht vorzeitig gestoppt (durch Herausfiltern der Hefen) oder endet sie durch Absterben der Hefepilze bei zuckerreichen Mosten von selbst, so schmeckt der Wein trocken. Mittels Süßreserve, der Zugabe von unvergorenem Most, können Weine legal gesüßt werden, wie sie bereits vor Jahrhunderten üblich waren.

Rotwein als neuer Trend

In der modernen Weinbereitung wird der Biologische Säureabbau sehr differenziert gesehen. Die Umwandlung von Apfelsäure in die mildere Milchsäure sowie in Kohlendioxid wird von den meisten Winzern als nicht erstrebenswert beurteilt. Jedenfalls nicht für Weißweine – wenngleich einige wenige Winzer mit Biologischem Säureabbau auch beim Riesling experimentieren –, wohl aber für Rotweine. Diese haben an Mosel-Saar-Ruwer in den letzten Jahren einen gewissen Stellenwert erlangt und werden mittels Maischegärung und anschließender Kelterung erzeugt. Der Ausbau in kleinen, etwa 225 Liter fassenden Holzfässern, den Barriques, verleiht einigen hochwertigen Rotweinen, in seltenen Fällen auch Weißweinen, Röstaromen und zusätzliche Geschmacksnoten. Weißherbste (Rosé-Weine) werden mittels sehr kurzer Maischegärung erzeugt.

Romantisch wirken die blitzblanken Tanks nicht, aber sie sind im Vergleich zum Holzfass leichter zu reinigen und mühelos zu klimatisieren. Viele Winzer haben in den letzten Jahren solche Tanks erworben.

Winzersekt im Aufschwung

Riesling und Elbling eignen sich mit ihrer ausgeprägten Säure bestens zur Sekterzeugung. Heute hat fast jeder Winzer einen Sekt im Sortiment, der als etikettierter »Winzersekt« stets in klassischer Flaschengärung aus eigenen Trauben erzeugt wird. Hierbei werden dem Grundwein Zuckerlösung (Fülldosage) und Hefe zugesetzt, die eine zweite Gärung in der Flasche auslösen. Nach deren Abschluss und mindestens neunmonatiger Reifung wird der Sekt degorgiert (die Flasche geöffnet und die abgestorbene Hefe entfernt). Der Verlust wird mit der Versanddosage (einer Zucker-/ Zucker-Wein-Lösung) ausgeglichen. Neuerdings existiert auch der »Mosel-Saar-Ruwer-Crémant«, für den höhere Anforderungen gelten und der immer »extra trocken« oder noch herber dosiert ist.

Noch immer liegen die großen Holzfässer (mit 1000 Litern Inhalt) in den Kellern vieler Winzer. Sie müssen aufwendig gepflegt werden. Holzaromen werden kaum an den Wein abgegeben, einige Winzer experimentieren, vor allem bei Rotweinen, auch mit kleinen Holzfässern (225 Liter Inhalt), den Barriques.

Die Prädikatsstufen

Tafel- und Landweine, die beiden niedrigsten Qualitätsstufen des deutschen Weinrechts, spielen mengenmäßig keine große Rolle an Mosel-Saar-Ruwer. In der Qualitätshierarchie folgen die Qualitätsweine bestimmter Anbaugebiete (QbA) und schließlich die Qualitätsweine mit Prädikat (Kabinett, Spätlese, Auslese, Beerenauslese, Eiswein, Trockenbeerenauslese). Für alle Qualitätsweine gilt, dass sie bestimmte Mostgewichte erreichen müssen. Prädikatsweinen darf vor der Gärung kein Zucker zur Erhöhung des Alkohols zugesetzt werden (Chaptalisierung). Die früher bei einfachen Weinen vielfach übliche »Nassverbesserung« mit Zuckerwasser ist seit 1985 endgültig untersagt.

Alle Qualitätsweine müssen eine Prüfung durchlaufen und qualitative sowie sensorische Mindeststandards erreichen. Die Qualität wird mittels der Amtlichen Prüfnummer (A. P.-Nr.) auf dem Etikett bescheinigt. Weinsiegel der Deutschen Landwirtschaftsgesellschaft (DLG) sowie Medaillen der Landes- oder Bundesweinprämierungen sind weitere Hinweise auf besondere Güte des Weins.

»Trockene« (bis maximal 9 Gramm/Liter Restzucker) und »halbtrockene« (bis maximal 18 g/l Restzucker) Weine sind fast immer so auf dem Etikett bezeichnet. Der Begriff »feinherb« kennzeichnet eher halbtrockene Weine. Die Begriffe »lieblich« und »süß« werden kaum verwendet.

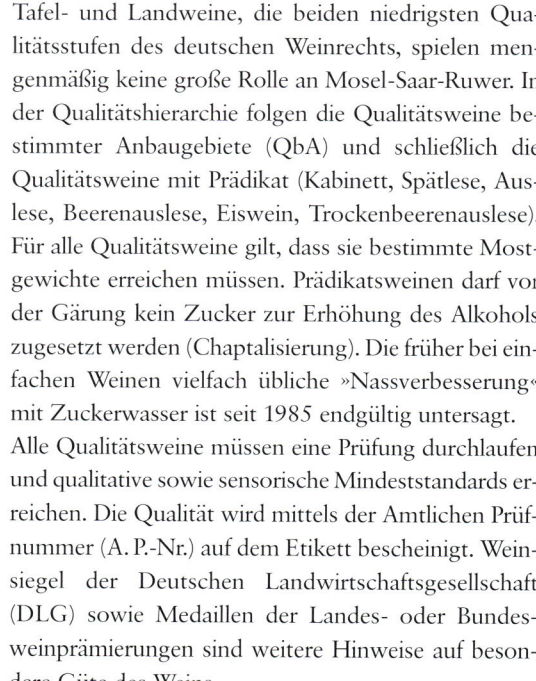

Hochgewächse und andere Besonderheiten

Beim Hochgewächs handelt es sich um einen Riesling-Qualitätswein bestimmter Anbaugebiete, der höhere Mindestmostgewichte erreichen muss. Auch für die Geschmacksprüfung werden strengere Anforderungen gestellt. Der Qualitätswein garantierten Ursprungs (QgU) soll einen bestimmten Weintyp garantieren, auch sind hier erhöhte Geschmacksanforderungen gestellt. So ist der Obermosel Elbling QgU immer trocken und in die weiße Schlegelflasche abgefüllt, der Obermosel Elbling Qualitätsschaumwein trägt die Bezeichnungen »brut« oder »extra brut«. Der Ruwertal-Riesling QgU schließlich ist immer ein mehr oder weniger halbtrockener Wein.

Gesetzliche Bestimmungen an Mosel-Saar-Ruwer

Der maximale Hektarhöchstertrag an Wein beträgt für Elbling einheitlich 150, für Riesling und alle übrigen Rebsorten 125 Hektoliter pro Hektar.

Weinetiketten sagen viel – aber nicht alles

Was auf dem Etikett stehen muss und was darauf stehen darf, wurde gesetzlich bis ins Detail geregelt. Selbst die Schriftgröße ist festgelegt. Einige möglicherweise interessante Angaben (zum Beispiel die Güte der Weinlage oder das Alter der Reben) können deshalb auf dem Etikett leider nicht mitgeteilt werden. Folgende Angaben finden Sie üblicherweise auf einem Etikett:

Qualitätsstufen

Bis 1970 waren neben den Prädikaten, wie sie heute verwendet werden, auch die Begriffe »feine Auslese«, »feinste Auslese« oder »hochfeine Auslese« üblich. Da diese nun nicht mehr erlaubt sind, kennzeichnen viele Moselwinzer besonders herausragende Auslesen mit »Goldkapseln« oder verwenden ein bis fünf Sterne.

❶ Bezeichnung des Anbaugebietes
❷ Orts- und Lagenname
❸ Erzeugername
❹ Begriff Gutsabfüllung oder Erzeugerabfüllung (im Gegensatz zur Abfüllung in einer Kellerei)
❺ Rebsorte
❻ Qualitätsstufe
❼ Füllmenge
❽ Amtliche Prüfnummer
❾ Alkoholgehalt
❿ Jahrgang

Die Jahrgänge an Mosel-Saar-Ruwer

In einem nördlichen Anbaugebiet wie Mosel-Saar-Ruwer spielen die Jahrgänge eine entscheidende Rolle. Gutes, sonniges Wetter im September und Oktober ist für die Reife des Rieslings wichtig, Regen vor und während der Lese gefürchtet. Auch die Erntemenge kann von Jahr zu Jahr sehr unterschiedlich ausfallen.

Im Weinjahr treiben die Reben zwischen Mitte April und Anfang Mai aus. Eine der kritischsten Phasen ist dann die erste Maihälfte mit den »Eisheiligen« und gefürchteten Minustemperaturen. Auch Hagel kann die Ernte zerstören. Die Blüte erfolgt in der Regel im Juni und erfordert möglichst warmes und trockenes Wetter. Regen kann zur »Verrieselung« führen: Die Blüten werden nicht befruchtet, der Ertrag fällt gering aus.

Je säurereicher ein Riesling ist, desto besser kann er gelagert werden. Manchmal bis über viele Jahrzehnte hinweg.

Entscheidend für die Güte des Weinjahrganges sind die Spätsommer- und Herbstmonate August und September, beim Riesling auch der Oktober. Häufig sorgt nach einer mäßigen ersten Septemberhälfte der Altweibersommer mit einigen schönen, sonnigen Wochen Ende September, Anfang Oktober für Spät- und Auslesen. Gelesen werden hohe Prädikate aber auch noch im November, manchmal sogar im Dezember. Dann schlägt auch die Stunde des Eisweines.

Nicht immer sind große Weinjahre mit warmem, sonnigem Herbst auch die idealen Jahrgänge für lange Lagerung. Gerade die aus säurereichen, allgemein nur als mittel oder gar gering eingestuften Jahrgängen stammenden Weine entwickeln sich oft überraschend gut. Rieslinge aus den 1980er, den 1970er oder gar den 1960er Jahren müssen heute keineswegs untrinkbar sein. Reife Weine nehmen oft stark mineralische Aromen an, so genannte Petroltöne, später auch erdige Lagertöne (Firne, Edelfirne).

Jahrgänge und Bewertungen

Jahr	QbA, Kabinett	Spätlese trocken	Spätlese, Auslese lieblich	edelsüße Auslese, Beerenauslese etc.
1999	→	→	→	→
1998	→	→	→	→
1997	↗	↗	↗	↗
1996	↗	↗	→	→
1995	↗	↗	→	→
1994	★	★	↗	↗
1993	★	★	↗	↗
1992	★	★	★	↗
1991	↘	↘	★	★
1990	★	★	↗	↗
1989	↘	↘	★	★

Zur Qualität der Jahrgänge:

▢ = hervorragend
▢ = gut
▢ = mäßig

Legende:
→ noch sehr jung, reifen lassen
↗ am Anfang der Trinkreife, kann noch besser werden
★ auf dem Höhepunkt, trinken
↘ Zenit überschritten, austrinken
○ verpasst, wäre besser schon getrunken

Ältere Jahrgänge, die häufig noch Weingenuss bieten: 1988, 1985, 1983, 1976, 1975, 1971

Die Weinjahrgänge von Mosel-Saar-Ruwer ab 1989
Weine dieser Jahrgänge sind teilweise noch bei Gütern und im Handel erhältlich

1999 Hervorragend vor allem an der Saar, ansonsten gut bis sehr gut nach viel Sonne und Regen, gute Mengen. Exzellent für trockene Weine!

1998 Kühler Frühsommer, heißer Spätsommer (Temperaturen bis zu 41,2 °C), Regen, aber dennoch eine gute Qualität mit klaren, fruchtigen Weinen.

1997 Reifer Jahrgang mit weichen, fruchtigen, eher früh trinkreifen Weinen, die restsüßen Varianten überzeugen häufig mehr als die trockenen.

1996 Sehr guter Jahrgang mit langlebigen Weinen.

1995 Sehr guter, aber nicht ganz einfacher Jahrgang, teilweise fantastische, langlebige Rieslingweine.

1994 Jahrgang mit zahlreichen herausragenden edelsüßen Weinen dank Edelfäule (Botrytis).

1993 Sehr guter Jahrgang mit entwicklungsfähigen Weinen.

1992 Gute Weinqualitäten, die jetzt meist auf dem Reifehöhepunkt angelangt sind.

1991 Ein eher mäßiger Jahrgang mit jetzt meist trinkreifen Weinen.

1990 Herausragender Jahrgang mit vielen komplexen, noch lange Jahre haltbaren Weinen.

1989 Botrytisreicher Jahrgang mit vielen Auslesen, jetzt sehr schön zu trinken.

Die Weintypen an Mosel-Saar-Ruwer

Riesling dominiert den Weinbau an Mosel-Saar-Ruwer. Doch die geschmacklichen Unterschiede zwischen den einzelnen Bereichen können erstaunlich sein. Nicht vergessen sollte man auch die übrigen hier angebauten Rebsorten wie Weiß- oder Spätburgunder sowie Auxerrois und Chardonnay, Elbling und Rivaner.

Einfache Symbole helfen Ihnen, den passenden Wein zu finden. Die Qualität der in diesem Kapitel beschriebenen Weine setzt sich aus den beantworteten Fragen von Seite 16 zusammen.

Die Vinoteca-Symbole zur Weinbeurteilung

Weinqualität

★	ein leichter Wein für jeden Tag
★★	ein Wein für besondere Gelegenheiten
★★★	ein Wein für einen Festtag
★★★★	ein Wein für außergewöhnliche Anlässe
★★★★★	ein internationaler Spitzenwein

Qualität

Art des Weines

♀	Rotwein
♀	Weißwein
♀	Rosé

Weintyp / Geschmack

☙	**die passenden Speisen zu diesem Wein**

Speise-Empfehlung

Die Lagerfähigkeit

♦	Trinkwein
▬	Lagerwein (Angaben in Jahren ab Ernte)

Lagerfähigkeit

Preiskategorin ❶–❺

❶	unter DM 10,– / € 5,–
❷	von DM 10,– bis 20,– / € 5,– bis 10,–
❸	von DM 21,– bis 30,– / € 10,– bis 15,–
❹	von DM 31,– bis 50,– / € 15,– bis 25,–
❺	über DM 50,– / € 25,–

Preiskategorie

Links: Der Riesling ist die wichtigste Sorte an Mosel-Saar-Ruwer.

Mosel-Saar-Ruwer und seine Weine auf einen Blick

Terrassenmosel (Bereich Burg Cochem) (S. 36)

- ♀ mineralische, würzige Weine (zumeist Riesling), häufig trocken ausgebaut
- ☛ Fisch, Krustentiere (Hummer), Geflügel, Fleischgerichte mit hellen Saucen
- ▬ nach 2–3 Jahren oft bereits mit Genuss zu trinken, in der Spitze auch sehr viel länger lagerfähig
- ❶-❸ oft preiswert, in der qualitativen Spitze manchmal auch teurer

Mittelmosel (Bereich Bernkastel) (S. 38)

- ♀ fruchtige, elegante Weine (zumeist Riesling, aber auch Weißburgunder oder Rivaner), sowohl trocken als auch halbtrocken oder mit Restsüße ausgebaut
- ☛ Fischgerichte, deftige moselländische Speisen, Fleisch mit hellen Saucen oder sogar Wild
- ▬ mindestens 3–4 Jahre lagerfähig, häufig aber auch 10 oder mehr Jahre
- ❶-❺ häufig preiswert, in der Spitze (edelsüße Weine) sehr begehrt und teuer

Ruwertal (S. 40)

- ♀ zarte, filigrane, duftige Weißweine mit fruchtigen Noten (schwarze Johannisbeere), vielleicht die elegantesten der gesamten Region
- ☛ leichte Fischgerichte, als gereifter Wein auch zu Käse
- ♦▬ jung oft noch von Säure geprägt, nach 5 und mehr Jahren meist am schönsten
- ❶-❺ preisgünstig, in der Spitze (edelsüße Weine) auch relativ kostspielig

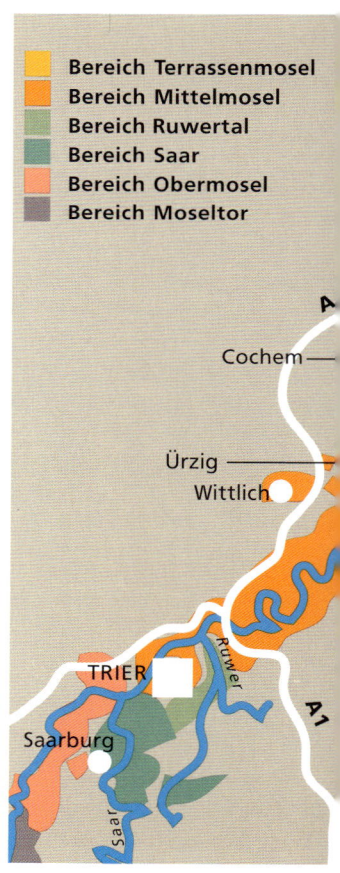

Bereich Terrassenmosel
Bereich Mittelmosel
Bereich Ruwertal
Bereich Saar
Bereich Obermosel
Bereich Moseltor

Cochem
Ürzig
Wittlich
TRIER
Saarburg

Saar (S. 42)

🍷 duftige, frische, leichte Weißweine (zumeist Riesling), jung mit ausgeprägt fruchtigen Noten, gereift mit filigraner Würze

🍽 asiatisch gewürzte Speisen, Apfelkuchen, Kalbsbries in sahniger Sauce, Fisch

⬛ jung oft noch von Säure geprägt, nach 5 und mehr Jahren meist am schönsten

❶–❺ preisgünstig, in der Spitze (edelsüße Weine) auch relativ kostspielig

Obermosel (S. 44)

🍷 frische, würzige, säurebetonte Weißweine (Elbling), auch schlanke, dichte Weißweine mit milder Säure (Auxerrois, Weißburgunder)

🍽 Zwiebelkuchen, Brotzeit, Fisch

❗ im Allgemeinen in den ersten 3 Jahren am besten

❶–❷ sehr preisgünstig

Moseltor (S. 44)

🍷 schlanke, frische Weine aus Elbling und Burgundersorten wie Grauburgunder

🍽 Begleiter zu herzhaften Vorspeisen wie Terrinen, Gerichte mit hellem Fleisch

❗ im Alter von 1–3 Jahren meist am schönsten

❶–❷ preiswert

Der Riesling dominiert an der Terrassen- und Mittelmosel sowie an Saar und Ruwertal. An der Obermosel herrscht dagegen der Elbling vor, hier stehen aber auch Burgundersorten (Auxerrois, Weißburgunder, Grauburgunder), im Bereich Moseltor spielen neben Elbling die Burgundersorten eine wichtige Rolle.

33

Von Einzel- und Großlagen

Das Anbaugebiet Mosel-Saar-Ruwer wird in nicht weniger als sechs Bereiche unterteilt. Auf den Etiketten tauchen diese jedoch kaum auf. Wichtiger für den Verbraucher ist die Angabe der Weinbauorte sowie der Einzel- und Großlagen. Die heutige Regelung der Einzel- und Großlagen geht auf das Deutsche Weingesetz zurück, wie es 1971 in Kraft getreten ist. Auf den ersten Blick können Einzel- und Großlagen bedauerlicherweise nicht unterschieden werden, und selbst ein klingender Ortsname garantiert nicht für höchste Güte. Großlagen sind in Wirklichkeit riesige Zusammenschlüsse von Einzellagen, die keinen Rückschluss mehr auf die wahre Herkunft des Weines zulassen. Nicht mal aus dem angegebenen Ort muss der Wein stammen, denn es existieren so genannte Leitgemeinden.

Die »Wehlener Sonnenuhr« gehört zu den bekanntesten Einzellagen im Bereich Mittelmosel. Hier errichtete Jodocus Prüm 1842 die weltberühmte Sonnenuhr.

Die 523 Einzellagen garantieren immerhin, dass der Wein von einer bestimmten Parzelle stammt – wenngleich viele von Alters her renommierte Lagen mit dem Weingesetz von 1971 stark vergrößert wurden. Eine konkrete Qualitätsaussage ist also mit der Angabe der Lage nicht verbunden, aber sie gibt dem Verbraucher immerhin ein wichtiges Indiz an die Hand.

Lagenklassifikation mit Tradition

Der Gesetzgeber hat bislang keine Klassifikation der einzelnen Lagen vorgenommen, obwohl eine solche immer öfter gefordert wird. Doch bereits im 17. und dann im 19. Jahrhundert wurden die besten Lagen an Mosel-Saar-Ruwer klassifiziert. Solche historischen Untersuchungen veranlassen heute einige Weinerzeuger, ihre Gewächse inoffiziell beispielsweise als »erste große Lage« zu bezeichnen.

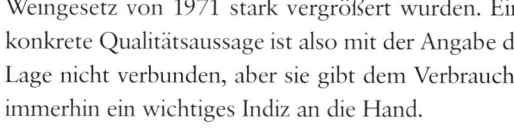

6 Bereiche

Burg Cochem (Terrassenmosel), Bernkastel (Mittelmosel), Saar, Ruwertal, Obermosel und Moseltor

20 Großlagen
(von Norden nach Süden)

Weinhex, Goldbäumchen, Rosenhang, Grafschaft, Schwarze Katz, vom Heißen Stein, Schwarzlay, Nacktarsch, Münzlay, Badstube, Kurfürstlay, Beerenlay, Michelsberg, St. Michael, Probstberg, Römerlay, Scharzberg, Königsberg, Gipfel, Schloss Bübinger

Die besten und bekanntesten Einzellagen
(von Norden nach Süden)

Winninger Röttgen, Uhlen
Valwiger Herrenberg
Bremmer Calmont
Neefer Frauenberg
Pündericher Marienburg
Enkircher Batterieberg
Ürziger Würzgarten, Goldwingert
Zeltinger Sonnenuhr
Wehlener Sonnenuhr
Graacher Domprobst, Himmelreich
Josephshöfer*
Bernkasteler Doctor, Alte Badstube am Doctorberg, Graben, Lay, Matheisbildchen, Bratenhöfchen
Lieser Niederberg-Helden
Erdener Prälat, Treppchen
Brauneberger Juffer, Juffer-Sonnenuhr, Kammer
Wintricher Großer Herrgott
Piesporter Goldtröpfchen, Domherr, Treppchen. Kreuzwingert
Neumagener Rosengärtchen
Dhron Hofberger
Trittenheimer Felsenkopf, Leiterchen, Altärchen, Apotheke

Leiwener Laurentiuslay
Klüsserather Bruderschaft
Thörnicher Ritsch
Eitelsbacher Karthäuserhofberg
Lorenzhöfer Felslay, Mäuerchen
Maximin Grünhäuser Abtsberg, Herrenberg
Kaseler Nies'chen, Kehrnagel
Filzener Urbelt Pulchen
Kanzemer Altenberg
Oberemmeler Hütte
Scharzhofberger*
Wiltinger Braune Kupp, Kupp, Gottesfuß, Hölle, Braunfels, Schlangengraben
Wawerner Herrenberger
Ayler Kupp
Ockfener Bockstein
Saarburger Rausch
Serriger Schloss Saarsteiner

Viele dieser Lagen wurde im Zuge des 1971er Weingesetzes mehr oder weniger erweitert und gehören nunmehr bloß teilweise zu den Spitzenlagen.

*Diese Lagennamen dürfen ohne vorangestellten Ortsnamen verwendet werden.

Terrassen der besonderen Art

Wer von den berühmten Moselweinen spricht, meint fast immer jene der Mittelmosel. In Bernkastel und Graach, Piesport und Trittenheim spielte bis vor wenigen Jahren die Musik. Doch der Aufschwung der nördlichen Mosel in den letzten Jahren lässt staunen.

Zwischen Koblenz und Zell

Wo Mosel und Rhein zusammenfließen, am Deutschen Eck in Koblenz, gibt es noch keine Weinberge. Aber wenige Kilometer südlich sind die Hänge bereits mit Reben bepflanzt. Moselweiß und Güls, Winningen und Kobern-Gondorf heißen die ersten Weindörfer, bald folgt Cochem, und hinter Zell endet der Bereich. Charakteristisch für diese Weinbaugegend mit 1772 Hektar Rebfläche, die offiziell als Bereich Burg Cochem (früher Zell/Untermosel) firmiert, sind die steilen Terrassen: mit Schiefermauern unterteilte Miniaturparzellen, die nur unter größten Mühen bewirtschaftet werden können. Steilste Lagen wie Winninger Röttgen oder Calmont (Bremm und Ediger-Eller) bringen seit Jahrhunderten besonders reife Trauben hervor. Die Weinbergsmauern haben übrigens nicht nur einen stabilisierenden, sondern auch einen qualitätsbildenden Einfluss. Sie speichern die Sonnenwärme und reflektieren sie, in ihrer Nähe werden oft die Beeren mit höchsten Mostgewichten geerntet.

Reinhard Löwenstein erzeugt an der Terrassenmosel trockene, mineralische, nach Zitrus- oder kandierten Früchten duftende Rieslinge zu fairen Preisen.

Riesling mit ganz besonderem Charakter

Terrassenmosel-Rieslinge haben nichts von der filigranen, zarten Art der Saar- oder Ruwertal-Kollegen. Sie schmecken würzig, mineralisch und komplex. Für den Ausbau als trockene Weine eignen sie sich oft hervorragend, doch auch hochwertige liebliche oder edelsüße

Das Städtchen Cochem mit seinen verwinkelten Gassen und der über der Stadt thronenden Reichsburg zieht jedes Jahr viele Besucher in seinen Bann.

Weine werden gewonnen. Neben den Schieferböden in ihren verschiedenen Varianten existieren hier aber auch schwere Lehm-Lößböden oder sandige Lehmböden. Auf solchen Parzellen wachsen noch rund 93 Hektar Elbling – der im so genannten Cochemer Krampen eines seiner letzten Refugien an Mosel-Saar-Ruwer bewahrt hat – sowie Weißburgunder oder Chardonnay. Die Erzeugergemeinschaft Deutsches Eck war einer der Vorreiter des trockenen Moselweines, engagierte Winzer wie Reinhard Löwenstein (S. 54), Ulrich Franzen (S. 56) oder Reinhard und Beate Knebel (S. 56) machen den etablierten Mittelmoselwinzern zunehmend Konkurrenz.

Wein-Typ	★	🍷[1]	🍽[2]	🍶	❶
Elbling trocken	★	frischer, schlanker, spritziger Zechwein	Hausmacher Brot, einfache, würzige Speisen	1–2 Jahre	❶
Riesling Schieferterrassen trocken	★★★	würzig, mineralisch, dezente Zitrusnoten, kompakt	Krustentiere, Fisch	5–8 Jahre	❷
Weißburgunder trocken	★★	schlank, duftig, verhaltene Säure	Fisch, Fleisch mit hellen Saucen, Terrinen	2–5 Jahre	❸

[1] trinkreife Jahrgänge: S. 29; [2] ideale Speisen zum Wein: S. 51

Die Mittelmosel – rund um Bernkastel

In Traben-Trarbach ist die Weinbautradition überall gegenwärtig. An vielen Häusern findet man in Stein gemeißelte Weinmotive.

Schon die Römer wussten, wo der beste Wein wuchs. In der Weinlage Erdener Treppchen wurde eine römische Kelteranlage aus dem 2. Jahrhundert entdeckt. Weitere Beispiele der Weinbereitungskunst der einstigen Kolonialherren finden sich in Piesport oder Maring-Noviand und Experten vermuten noch weitere dieser historischen Dokumente im Boden verborgen.

Als Bereich Bernkastel werden die Weinorte und 7468 Hektar Weinlagen zwischen Briedel im Norden und Fell im Süden offiziell bezeichnet. Zu Ruhm gelangt ist diese Gegend aber unter dem Namen Mittelmosel. Je weiter man von Norden gen Süden vorstößt, also moselaufwärts, desto berühmter werden Weinorte und -lagen. Desto traditionsreicher auch die Güter, die in gar nicht wenigen Fällen auf Jahrhunderte an Weingeschichte zurückblicken. So kann die Familie Haart in Piesport (S. 59) ihre Winzertradition mindestens bis ins 14. Jahrhundert zurückführen, während der Kestener Paulinshof (S. 63, heute im Besitz der Familie Jüngling) bereits im Jahre 936 erstmals urkundlich erwähnt wurde.

Eleganter, feiner, fruchtiger sei der Riesling der Mittelmosel im Vergleich mit den Weinen der Terrassenmosel und leichter zugänglich als die Saar- und Ruwerweine, so heißt es. Doch die Unterschiede von Lage zu Lage sind beachtlich, und auch der Stil des Winzers spielt eine nicht zu unterschätzende Rolle. Schiefer bestimmt den Charakter der Böden, und dies in zahlreichen Varianten: Tonschiefer, Devonschiefer, Schieferverwitterungsböden, da und dort finden sich Lehmanteile.

Folgt man dem Mosellauf von Norden nach Süden stößt man auf Traben-Trarbach mit seinen Jugendstilhäusern, Erden (mit den beiden legendären Lagen Prälat und Treppchen), Ürzig und Zeltingen. In der Lage Sonnenuhr von Wehlen errichtete Jodocus Prüm 1842 die weltberühmte Sonnenuhr. Seine Ahnen garantieren noch heute für höchste Qualität, so die Weingüter S. A. Prüm (S. 63) oder Joh. Jos. Prüm (S. 55). Über Bernkastel-Kues geht es weiter nach Brauneberg, über Piesport (wo bereits 1837 der Riesling dominierte), Neumagen-Dhron bis Trittenheim. Vor Trier endet der Bereich Bernkastel (Mittelmosel).

Leiwen und seine Jungwinzer

Kaum anderswo arbeiten so viele engagierte Winzer nebeneinander wie in Leiwen, wo 1986 die »Leiwener Jungwinzer« ins Leben gerufen wurden. Obwohl einige der »jungen Wilden« heute schon in die Jahre gekommen sind, gibt es hier noch immer vorzügliche Adressen. Der St. Urbans-Hof (S. 64), das Weingut Josef Rosch (S. 64) oder Heinz Schmitt (S. 64) beweisen es jährlich aufs Neue. Schon zu den alten Hasen der Leiwener Topwinzer gehört Gerhard Grans (S. 58), dessen Rieslingweine ebenso gelungen und begehrt sind wie sein Gutsausschank »Landgasthof Grans-Fassian« beliebt ist.

Die Lage Bernkasteler Doctor in der Stadt Bernkastel ist nicht nur die teuerste Weinlage der Region, sondern auch eine, um die sich Legenden ranken. Der Wein dieses Berges soll einst den kranken Trierer Kurfürsten Boemond kuriert haben – daher der Ehrenname Doctor. Wahr oder nicht, die klimatischen Vorzüge des Weinberges sprechen für sich. Hier wurden mit über 300 Grad Oechsle die bislang höchsten Mostgewichte an der Mosel erzielt.

Wein-Typ	★	⚲♥[1]	◕[2]	🍾	❶
Riesling Kabinett trocken	★ – ★★	leicht, fruchtig, würzig	Forelle in Sahnesauce, Terrinen, Kalbsbries	2–6 Jahre	❷
Ürziger Würzgarten Riesling Spätlese	★★ – ★★★	würziger Riesling mit leichter Süße und zarten Fruchtaromen	als Aperitif; zu Blauschimmelkäse, asiatisch gewürzten Speisen	3–12 Jahre	❷– ❸
Wehlener Sonnenuhr Riesling Trockenbeerenauslese	★★★★★	von Edelfäule geprägt, duftet nach Rosinen und exotischen Früchten, lange, unendliche Süße	Lebkuchen, fruchtige Süßspeisen	10–50 Jahre	❺
Graacher Domprobst Spätburgunder trocken	★★★	rubinrot, fruchtig, leicht vom Holz geprägt	helles und dunkles Fleisch, Geflügel, Wild	2–5 Jahre	❷
Riesling Sekt Brut	★★ – ★★★	fruchtig, leicht und von Hefelagerung geprägt	als Aperitif	1–3 Jahre	❷– ❸

[1] trinkreife Jahrgänge: S. 29;   [2] ideale Speisen zum Wein: S. 51

Trier und das Ruwertal

Auch Trier, die Moselweinmetropole schlechthin, besitzt eigene Weinberge. Mit Ausnahme des Trierer Augenscheiners befinden sie sich alle auf dem östlichen Ufer und gehören rechtlich zum Bereich Ruwertal. Den wiederum gibt es zur Freude der Ruwer-Winzer seit 1998 als eigenständige Unterregion. Zuvor bildete die kleine Ruwer zusammen mit der Saar einen gemeinsamen Bereich, und stand mit ihren nur 232 Hektar Rebfläche oft ein wenig im Schatten des großen Bruders. Eine pure Ungerechtigkeit, wo doch der Ruwer-Riesling bei vielen als der zarteste und delikateste unter allen Mosel-Saar-Ruwer-Weinen gilt. Duftig, mit feinen Aromen von schwarzen Johannisbeeren oder deren Blättern, lässt er sich eher mit den Saar-Rieslingen vergleichen als mit den Mittelmoselweinen. Die unnachahmliche Art der Ruwerweine wurde schon im letzten Jahrhundert geschätzt. Der Karthäuserhof in Eitelsbach

Großer und Bernkasteler Ring

Alljährlich werden die berühmtesten Gewächse der Mosel versteigert, zumeist in Trier. Bei den Veranstaltern dieser Ereignisse, die zugleich PR-Maßnahmen sind, handelt es sich um den 1899 gegründeten Bernkasteler Ring sowie den 1908 ins Leben gerufenen Großen Ring, der heute Teil des Vereins Deutscher Prädikatsweingüter (VDP) ist. Der Bernkasteler Ring hat 35 Mitglieder, der Große Ring hat 30.

Das Weingut Reichsgraf von Kesselstatt feierte 1999 sein 650jähriges Jubiläum. Hier im Probierraum können die saftig-fruchtigen Weine verkostet werden.

(S. 54) und die von Schubert'sche Weingutsverwaltung in Mertesdorf-Grünhaus (S. 55) prägten lange den Weinbau. Aber auch die nicht ganz so bekannten Betriebe Karlsmühle (S. 69) und Erben von Beulwitz (S. 69) machen zunehmend von sich reden.

Weinbau in der 2000-jährigen Stadt

Auch wenn die Trierer Weinberge alle außerhalb der historischen Stadtgrenzen liegen, kommt niemand um Trier als Zentrum des Moselweinbaus herum. Die Bischöflichen Weingüter mit ihren gewaltigen Kellergewölben unterhalb der Altstadt oder die Vereinigten Hospitien haben ihren Sitz in der Stadt und verwalten von hier aus Weinberge an Mosel, Saar und Ruwer. Ins Ruwertal fortgezogen, nach Morscheid, ist mittlerweile das Weingut Reichsgraf von Kesselstatt, eines der Güter mit der längsten Tradition an Mosel-Saar-Ruwer. Schließlich wurde Friedrich von Kesselstatt schon im Jahre 1377 Verwalter der Ländereien des Trierer Kurfürsten.

Christoph Tyrell erzeugt im »Karthäuserhof« unverwechselbare Ruwertal-Rieslinge.

Wein-Typ	★	♀1	☙2	▬	❶
Riesling Kabinett trocken	★★	zart, fruchtig, mineralisch und ausgewogen	Forelle in Sahnesauce, Terrinen, Kalbsbries, Ziegenkäse	3–8 Jahre	❸
Riesling Spätlese	★ – ★★★	ausgeprägte Fruchtaromen, komplex, trocken oder feine, unaufdringliche Süße	asiatisch gewürzte Speisen, Geflügel in Sahnesauce	3–12 Jahre	❸
Riesling edelsüß (Auslese, Beerenauslese, Trockenbeerenauslese, Eiswein)	★★★ – ★★★★★	komplex, nach exotischen Früchten duftend, cremige Fülle und Süße	Gänseleberterrine, Blauschimmelkäse, solo	5–50 Jahre	❹-❺

¹ trinkreife Jahrgänge: S. 29; ² ideale Speisen zum Wein: S. 51

Entlang der Saar

Von gänzlich anderem Charakter als an der Mittelmosel sind die 969 Hektar Weinberge entlang der Saar, die in Konz in die Mosel fließt. Die Reben reihen sich nicht entlang des Flussufers, sondern liegen oft weit von diesem entfernt und sind schneidendem Wind ausgesetzt. Und so unterscheidet sich der Charakter eines Saarweines von dem seines Pendants an der Mosel – auch wenn die Struktur der Böden (Schiefer) ähnlich ist. Von sehr heller Farbe sind die Weine, zart, filigran und nach Zitrusfrüchten oder Äpfeln duftend, jung oft von der Riesling-typischen Säure beherrscht. Ihren ganzen Charakter zeigen sie oft erst nach einigen Jahren.

Aber gerade die frische, prägnante Säure macht den Saar-Riesling so geeignet für den edelsüßen Ausbau.

Die frische, prägnante Säure der Saarweine, beispielsweise aus Ayl, prädestiniert sie für den edelsüßen Ausbau.

Die hochwertigen Auslesen und Beerenauslesen von der Saar wirken niemals pappig süß oder sättigend, sie bewahren auch als Eiswein oder hoch reife Trockenbeerenauslese eine pikante, zarte Art. Ob in Oberemmel, wo das Weingut von Hövel (S. 67) schlanke, elegante Rieslinge erzeugt oder in Wiltingen mit seinem weltberühmten Scharzhofberger. In dessen Kernlage entstehen die vielleicht facettenreichsten Rieslingweine der Mosel, etwa von Egon Müller (S. 55): teuer, aber mit ihrer zarten Frucht sensationell.

Weißburgunder und Sekt haben sich zu einem zweiten Standbein vieler Saarwinzer entwickelt. Eddie Reverchon (S. 68) erzeugt beispielsweise einen aus Rotweintrauben (Schwarzriesling, Spätburgunder) weiß gekelterten Sekt, der Fülle und Eleganz verbindet.

Auf der Suche nach den Traditionen

Wie mag der Wein vor einem Jahrhundert geschmeckt haben? Vermutlich trockener, alkoholreicher, mineralischer als die heutigen Saar-Rieslinge. Peter Jordan vom Weingut Jordan & Jordan in Wiltingen (S. 67) war einer der ersten, die sich Gedanken machten. Seine »Cuvée 1900« soll diesen Charakter nachahmen – eine Mischung aus Riesling und Weißburgunder, trocken, teilweise in Barriques gereift. Andere Winzer suchen ebenfalls nach dem Saarwein der Vergangenheit – und vielleicht der Zukunft.

In der Stadt Saarburg kann man noch heute einige Gebäude aus der Barock und Renaissance-Zeit bewundern und frische Saar-Rieslinge genießen.

Wein-Typ	★	🍷¹	🍽²	🍶	●
Riesling Kabinett	★ – ★★★	duftig, zarte Fruchtaromen, trocken bis leicht süß	Terrinen, Zwiebelkuchen, Fisch	2–8 Jahre	❶-❷
Riesling Spätlese	★★ – ★★★	zarte Frucht, pikantes Zusammenspiel zwischen Säure und Extrakt, trocken bis restsüß	edle Fischgerichte, Geflügel	5–12 Jahre	❷-❸
Riesling Beerenauslese	★★★★ – ★★★★★	duftet nach Mango, Pfirsichen, kandierten Früchten, geprägt vom leichten Bitterton (Botrytis), lange, cremige Süße, pikante Säure	eingelegte Weinbergspfirsiche	5–25 Jahre	❺
Riesling Eiswein	★★★★★	Aromen von exotischen Früchten, Ananas, Maracuja, lange Süße, massive Säure	Gänseleberterrine	8–15 Jahre	❺
Weißburgunder trocken	★ – ★★	Blütennoten, schlank, fruchtig, verhaltene Säure	Vorspeisen, Fisch	1–4 Jahre	❷
Riesling Sekt brut	★★ – ★★★	Frucht- und Hefenoten, schlank, spritzig	als Aperitif	1–3 Jahre	❷-❸

¹ trinkreife Jahrgänge: S. 29; ² ideale Speisen zum Wein: S. 51

Muschelkalkböden an der Obermosel

Moseltor

Der mit gerade einmal 85 Hektar kleinste der sechs Bereiche von Mosel-Saar-Ruwer, Moseltor, liegt nicht mehr in Rheinland-Pfalz, sondern im Saarland. Mergeliger Keuper prägt hier die Böden, die Rebsorten entsprechen ungefähr denen der Obermosel: Neben Elbling werden Weiß- und Grauburgunder, Auxerrois und Spätburgunder angebaut.

Schieferboden bestimmt den Charakter aller Weine an Mosel-Saar-Ruwer. Aller – bis auf die Weinberge von Obermosel und Moseltor, jener beiden fast in Vergessenheit geratenen Bereiche nahe der luxemburgischen und französischen Grenze. Hier existiert Muschelkalk, teilweise auch Buntsandstein oder Keuper. Viele Jahrzehnte lang wurden entlang der Mosel südlich von Konz sowie an ihrem Nebenfluss Sauer lediglich Grundweine für die Sektbereitung hergestellt. 1824 wuchsen an der Obermosel gerade mal 120 Hektar Reben, heute sind es 1033 Hektar. Riesling spielte hier nie eine nennenswerte Rolle, es dominiert seit eh und je der Elbling, der an der übrigen Mosel kaum noch zu finden ist. Von insgesamt 1020 Hektar Elblingreben im gesamten Anbaugebiet stehen immerhin 917 an der Obermosel. Ob der Elbling (vermutlich vom lateinischen Begriff albus = weiß abgeleitet), die nach allgemeiner Einschätzung älteste deutsche Rebsorte, wirklich von den Römern ins Land gebracht wurde oder hier schon früher heimisch war, wird sich wohl nie klären lassen.

Tatsache aber ist, dass der Charakter des Elblings sich deutlich von jenem des Rieslings unterscheidet. Die feinen Fruchtaromen, ob Cassis, ob Pfirsich oder Ananas, sind beim Elbling nicht vorhanden. Mineralisch, nur zart duftig, fast neutral wirkt er: ein leichter, spritziger Wein mit frischer Säure.

Roter Elbling und Ganztraubenpressung

In den Achtzigerjahren des 20. Jahrhunderts machten einige engagierte Winzer mit der Gründung des Vereins der Elblingfreunde auf sich aufmerksam. Nicht nur mittelmäßige Fassware mit Hektarerträgen von sogar über 200 Hektoliter pro Hektar sollten den Ruf der Obermosel fortan bestimmen. In Nittel oder Palzem begann man mit Ertragsreduzierung und schonendem Ausbau, experimentierte mit dem Keltern von

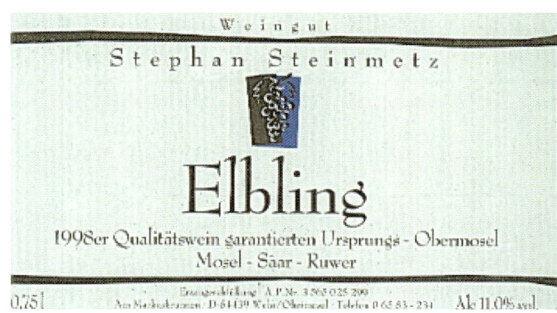

ganzen Trauben – und erkannte, dass aus Elbling durchaus hochwertige Weine herzustellen sind. Auch wenn selbst die besten dieser Gewächse nicht mit den Spitzen-Rieslingen von Mosel-Saar-Ruwer konkurrieren könnten oder wollten. Stephan Steinmetz (S. 70) oder Georg Baron von Hobe-Gelting vom Schloss Thorn (S. 70) zeigen heute beispielhaft, was man aus Elbling machen kann. Übrigens auch einen überraschenden Rosé aus der Variante Roter Elbling, 1986 erstmals erzeugt. Da das deutsche Weingesetz aber untersagt, aus Weißweintrauben roten Qualitätswein zu keltern, muss der Rote Elbling als Tafelwein verkauft werden.

Um den Typus des trockenen, frischen Elblingsweins bekannter zu machen, wurde der Qualitätswein garantierten Ursprungs (QgU) geschaffen. Stets trocken, wird dieser Elbling in die charakteristische weiße Flasche gefüllt.

Wein-Typ	★	♀♀[1]	⬢[2]	🍴	❶
Elbling trocken	★	frisch, leicht, spritzig	Wurstwaren, leichte Speisen, Schweinshaxe	1–2 Jahre	❶
Roter Elbling Tafelwein	★	lachsfarben, Blütenduft, frisch, etwas Gerbstoff	kräftig gewürzte Speisen, Zwiebelfleisch	1–3 Jahre	❶
Weißburgunder trocken	★ – ★★	schlank, frisch, duftig, verhaltene Säure	Vorspeisen, Fisch	1–3 Jahre	❶-❷
Elbling Sekt brut	★★ – ★★	zarter Blüten- oder leichter Hefeduft, schlank, frisch	als Aperitif; zu Vorspeisen, Austern	1–2 Jahre	❶-❷

[1] trinkreife Jahrgänge: S. 29; [2] ideale Speisen zum Wein: S. 51

Unser Restaurant
ist von 12⁰⁰ – 14³⁰ Uhr und von 18⁰⁰ – 22
für Sie geöffnet.
Ihren Nachmittag können Sie mit
Kaffee und frischen Waffeln bei u
in gemütlicher Atmosphäre
genießen ♡

Die perfekte Harmonie: Wein & Speisen

Deftig und rustikal sind die traditionellen Speisen entlang der Flüsse Mosel, Saar und Ruwer. Doch in den letzten Jahren haben nicht nur die moselländische Küche und Gastronomie Fortschritte gemacht, auch die Vielfalt im Glas nahm zu. Moselwein passt heute zu viel mehr Gerichten, als man glaubt.

Trockener Moselriesling zu Fisch, so hieß es einst. Restsüßer Wein nach dem Essen für sich allein. Und damit war die Phantasie der Winzer und Gastronomen bereits ausgeschöpft.

Doch mittlerweile haben findige Köche, Sommeliers und Weingenießer entdeckt, wie gut Moselwein zu Pasteten und Käse passen kann, zu Schweinefleisch oder Geflügel, zu Wild oder Nudelgerichten. Natürlich auch zum Dessert. Die möglichen Kombinationen sind schier unendlich.

Herzhafte Kost zu herzhaftem Wein

Speisen und Wein an Mosel-Saar-Ruwer haben sich über die Jahrhunderte synchron entwickelt. Zu den Weinen mit ihrer würzigen Art und der herzhaften Säure, egal ob Elbling oder Riesling, passen eben entsprechend deftige Speisen. *Schales* ist so eine traditionelle Köstlichkeit der Landschaft, ein unverzagt gewürztes Essen aus Kartoffeln und Speck, die übereinander geschichtet und im Ofen gegart werden. Ein naher Verwandter ist *Gräwes,* der auch unter anderen Namen – in Trier als *Teerdich* – auf den Tisch kommt: Hier spielt mit Wein verfeinertes Sauerkraut eine entscheidende Rolle, Kartoffeln und Fleisch fehlen nicht. Stehen

Sommelier

Dies ist die aus dem Französischen stammende Bezeichnung für den Weinkellner in Restaurants.

Links: An Mosel-Saar-Ruwer sind überall empfehlenswerte Straußwirtschaften, Gutsschänken und Restaurants zu finden.

solche unkomplizierten Speisen auf dem Tisch, so muss auch der Wein nicht von der teuersten Sorte sein. Trockener Elbling von der Obermosel, ein herzhafter Ruwer-Riesling der Qualitätsstufe QbA oder ein süffiger Rivaner, sogar ein Sekt – hier ist vieles erlaubt.

Süße muss nicht störend sein

Weine mit Restsüße nach dem Essen? So hielt man es in den 50er- und 60erjahren und zog sich mit einer Flasche »Möselchen« vor den Fernseher zurück – aber so muss es nicht unbedingt sein! Halbtrockene oder liebliche Rieslingweine der Qualitätsstufen QbA, Kabinett oder Spätlese, deren zarte Süße durch die rassige Säure abgepuffert wird, schmecken zu erstaunlich vielen Speisen. Moselfisch mit sahniger Sauce ist ein idealer Partner, aber auch die leicht bitteren Röstaromen der mit Hackfleisch gefüllten Kartoffeln (oder Klöße) vertragen sich mit zart süßen Weinen erstaunlich gut. Und sogar zu Schwein oder Rind muss keinesfalls immer Rotwein entkorkt werden: Häufig kommt es weniger aufs Fleisch als auf Zubereitungsart und Sauce an.

Regionale Küche in Gutsschänken und Weinstuben

Immer mehr Winzer pflegen heute wieder eine alte Tradition und wandeln ihren Innenhof und ihre gute Stube in den Sommer- und Herbstmonaten zur Straußwirtschaft oder Gutsschänke. Ob in Nittel an der Obermosel – wo Winzer Stephan Zilliken seine beispielgebende »Sektscheune« betreibt – oder in Winningen an der Terrassenmosel. Überall werden Schmankerln wie Tresterfleisch (in Trester mariniertes Fleisch) oder Rieslingkäse serviert, vielleicht auch Zwiebelkuchen oder einfach ein Hausmacher Brot mit selbst gemachter Wurst oder dem im Haus eingepökelten Schinken. Und als Aperitif ein Rieslingsekt, in

Gerade in den Sommermonaten wird in den Straßen, in den Höfen und Kellern bis tief in die Nacht hinein gefeiert, gegessen und getrunken.

klassischer Flaschengärung hergestellt und mit einem Schuss Weinbergs-Pfirsichlikör verfeinert. Hier kann man oft auch zum Dessert, zum Käse oder solo nach dem Essen einen raren edelsüßen Wein kosten.

Vermählung mit gereiften Weinen

Werden hochwertige Rieslingweine einige Jahre gelagert, entwickeln sie erstaunliche Geschmacksnuancen. Markante mineralische Noten, Petroltöne, Kräuterdüfte bestimmen dann das Bukett, vorhandene Süße integriert sich, und die in der Jugend möglicherweise vorherrschende Säure tritt in den Hintergrund. Solche reifen Kreszenzen passen erstaunlicherweise zu vielen Fleischgerichten. Zu den Röstaromen eines Schweinebratens sollte man eine 10 Jahre alte halbtrockene Riesling Spätlese versuchen, zu Hirschkoteletts mit Aprikosensauce eine 15 oder 20 Jahre gelagerte Auslese.

Unendliche Kombinationen für Gourmets

Aber nicht nur mit den traditionellen Gerichten der Region verträgt sich Mosel-Saar-Ruwer-Wein ausgezeichnet. Auch mit der großen Küche, sei sie französisch oder italienisch beeinflusst, können es Riesling und Co. spielend aufnehmen. Zu Gänsestopfleber oder Blauschimmelkäse wie Roquefort passen edelsüße Auslesen oder Beerenauslesen. Trockene Spätburgunder eignen sich als Begleitung zu kräftigen Fleischgerichten – zumal dann, wenn die Weine im kleinen Holzfass, in der Barrique, ausgebaut wurden. Und dass süß-sauer geprägte asiatische Speisen geradezu symbiotisch zum Riesling mit seiner rassigen Säure und der zarten Süße passen, ist vielfach bewiesen worden. Noch nicht ganz so bekannt ist die Verbindung von edelsüßem Riesling mit Austern oder mit Sushi, den japanischen Happen aus Algen, Reis und rohem Fisch.

Viele Feinschmecker reisen an Mosel, Saar und Ruwer, um in den unzähligen Restaurants leichte Regionalküche und die dazu passenden Weine zu genießen.

Welche Weine zu welchen Speisen?

Weintypen	Weine
einfacher, trockener Weißwein	Elbling (S. 45), Riesling QbA, Hochgewächs, Kabinett (S. 36), Rivaner (S: 32)
gehaltvoller, trockener Weißwein	Riesling Spätlese und Auslese (S. 43)
halbtrockener oder dezent restsüßer Weißwein	Riesling QbA, Kabinett, Spätlese (S. 39)
gehaltvoller Weißwein mit Restsüße	hochwertiger Riesling Spätlese, Riesling Auslese (S. 43)
hochwertiger edelsüßer Wein	Riesling Auslese Goldkapsel, Beerenauslese, Trockenbeerenauslese, Eiswein (S. 41)
trockener Rotwein	Spätburgunder QbA, Spätlese oder Auslese (S. 39)
Schaumwein	Riesling Sekt, Weißburgunder Sekt, Spätburgunder Weißherbst Sekt (S. 39)

Regionale Speisen	Speisen generell	
Schales (Kartoffel-Speck-Auflauf), Tresterfleisch, Zwiebelkuchen, Schnecken in Moselweinteig	rustikale Käseplatte, Schweinshaxe mit Bratkartoffeln, Wurstwaren, Pizza	
gegrillter Moselfisch, Zwiebelfleisch, Gräwes (Eintopf aus Weinkraut, Kartoffeln und Fleisch), Rieslingkäse	Fischgerichte (gegrillter Steinbutt, gedünstete Seezunge), Pasta	
Moselzander in Sahnesauce, Kartoffelsuppe mit Zwetschgenkuchen	Kalbsbries in leichter, sahniger Sauce, Forelle in milder Sauce, junger Ziegenkäse	
Viezcreme (Apfelcreme), Weincreme	Sushi, asiatisch gewürzte Speisen (süß-sauer, mit Anis, Curry etc.), Apfelkuchen; als edelfirner Wein zu Wildgerichten mit fruchtigen Saucen	
eingelegte Weinbergspfirsiche	Blauschimmelkäse (Roquefort, Stilton), Gänse- oder Entenstopfleber, Austern, Desserts	
Hunsrück- oder Eifelwild (Rehbraten, Hasenrücken)	kurz gebratenes Rindfleisch, Lamm, Blauschimmelkäse, Hartkäse	
Kuchen (ohne Schokolade)	als Aperitif; zu Süßspeisen mit geringem Zuckeranteil, gereift auch zu Fleisch oder zu Wild	

Die schönsten Güter, die besten Weine

Bei fast allen der selbstvermarktenden Weinbaubetriebe kann man Wein verkosten und kaufen. Unter den rund 6400 Betrieben haben wir jene ausgewählt, die wir über Jahre hinweg als äußerst zuverlässig erlebt haben. Ihre Weine empfehlen wir ohne Abstriche.

Alle Weingüter, die wir in diesem Buch porträtiert haben, sind für die beständige Qualität ihrer Weine bekannt. Die Klassifizierung ★ – ★★★★★ besagt, dass beim genannten Weingut die ganze Palette vom leichten Trinkwein bis zu internationalen Spitzengewächsen zu bekommen ist; ❶ – ❺ benennen die Preisklassen. Wieviel die Weine bei den Winzern kosten, sagen Wir Ihnen auf S. 54. Was genau sich hinter den Symbolen ★ – ★★★★★ und ❶ – ❺ verbirgt, können Sie auf Seite 31 nachlesen.

Viele der genannten Betriebe können Sie besuchen. Aus diesem Grund finden Sie bei den Weingütern die vollständige Adresse inklusive Telefonnummer. Wenn Sie einen Betrieb besichtigen möchten, lesen Sie bitte auf den Seiten 72/73 nach, worauf Sie achten sollten.

Am Puls der Zeit

Preise, Qualitäten und Beurteilungen eines Weines können sich von Jahrgang zu Jahrgang unterscheiden. Damit Sie immer auf dem neuesten Stand sind, bietet die Vinoteca einen besonderen Service: Auf unserer Homepage im Internet finden Sie unter der Adresse http://www.vinoteca.falken.de eine Seite mit den jeweils aktuellen Weinbeschreibungen, die von professionellen Verkostern betreut wird.

Links: Der Karthäuserhof in Eitelsbach gehört zu den besten Weingütern des Anbaugebiets.

Die Preise für Mosel-Saar-Ruwer-Weine liegen zwischen etwa 7 Mark und manchmal über 200 Mark (für rare Trockenbeerenauslesen oder Eisweine) pro Flasche. Grundsätzlich kann man davon ausgehen, dass die Preise bei den bekannten Gütern wie den Mitgliedsbetrieben des Großen Rings oder des Bernkasteler Rings höher liegen als bei anderen Winzern. Das schließt aber Schnäppchen in einem Renommierbetrieb nicht aus.

Die in der Regel anzutreffende Preisabstufung an Mosel-Saar-Ruwer gliedert sich wie folgt:

Elbling Qualitätswein: 7 bis 9 Mark ❶
Riesling Qualitätswein und Hochgewächs: 7 bis 12 Mark ❶–❷
Riesling Kabinett: 9 bis 16 Mark ❶–❷
Riesling Spätlese: 11 bis 25 Mark ❷–❸
Spätburgunder: 15 bis 25 Mark ❷–❸
Riesling Auslese: 15 bis 60 Mark ❷–❺
Riesling Beerenauslese: 50 bis 125 Mark ❺
Riesling Eiswein: 75 bis 150 Mark ❺
Riesling Trockenbeerenauslese: 100 bis 400 Mark ❺
Sekt: 12 bis 25 Mark ❷–❸

DIE WICHTIGSTEN WEINGÜTER

Weingut Fritz Haag ★★ – ★★★★★
Dusemonder Straße 44, 54472 Brauneberg
Tel. 0 65 34/4 10, Fax 13 47
7,5 ha, 100 % Riesling

Wilhelm Haag hats wirklich einfach. Seine Parzellen liegen in zwei der besten Lagen von Mosel-Saar-Ruwer, in der Brauneberger Juffer sowie der Juffer-Sonnenuhr. Außer Riesling wird nichts anderes gepflanzt, die eleganten, fruchtigen Weine sind auch in weniger guten Jahren von bestechender Klasse. Typisch für Haag, dessen Familie ihre Weinbautradition auf das Jahr 1605 zurückführt, ist die Angabe des Fuders auf dem Etikett. Im Vergleich zur herausra-

genden Qualität sind die Preise verblüffend erschwinglich.

Weingut Heymann-Löwenstein ★★ – ★★★★★
Bahnhofstraße 10, 56333 Winningen
Tel. 0 26 06/19 19, Fax 19 09
6 ha, 95 % Riesling

An der nördlichen Mosel, der so genannten Terrassenmosel, setzt Reinhard Löwenstein Maßstäbe. Von den Spitzenlagen Winninger Röttgen und Winninger Uhlen erntet er mit sehr niedrigen Erträgen trockene, mineralische, nach Zitrus- oder kandierten Früchten duftende, ungeheuer dichte Rieslingweine. Selbst der anderswo verschriene Rivaner ❷ erreicht auf den Schieferböden ungeahnten Charakter. Allmählich wird Löwenstein aber auch wegen seiner edelsüßen Auslesen, Beeren- und Trockenbeerenauslesen bekannt. Der innovativste unter allen Moselwinzern dürfte noch für einige Überraschungen gut sein. Zwar haben die Preise mittlerweile das Niveau der anderen Spitzenbetriebe erreicht – aber angesichts der Qualität kauft man hier noch immer günstig ein.

Weingut Karthäuserhof ★★ – ★★★★★
54292 Trier-Eitelsbach
Tel. 06 51/51 21, Fax 5 35 57
19 ha, 90 % Riesling

In dem historischen Gutshof aus dem 13. Jahrhundert erzeugt Christoph Tyrell unverwechselbare Ruwertal-Rieslingweine (dazu etwas Weißburgunder). Duftig, zart, am Gaumen aber dennoch mit Kraft, Eleganz und Länge ausgestattet. Hier sind auch die trocken ausgebauten Weine von großer Klasse – und das kann man nicht von jedem Weingut an Mosel-Saar-Ruwer behaupten.

Weingut Dr. Loosen ★★★ – ★★★★★
St. Johannishof, 54470 Bernkastel
Tel. 0 65 31/34 26, Fax 42 48
11,5 ha, 98 % Riesling

60 Jahre alt sind die fast ausschließlich wurzelechten Reben von Ernst (genannt Ernie) Loosen. Rechnet man dazu die Parzellen in einigen der allerbesten Mosellagen (Erdener Prälat, Wehlener Sonnenuhr) sowie den sympathischen Ehrgeiz des Winzers – dann muss dies fast automatisch zu sensationellen Weinen führen. Loosen und sein Kellermeister Bernhard Schug arbeiten im Keller minimalistisch, lassen die Moste mit natürlichen Hefen vergären, verzichten auf Schönung. Nonplusultra sind hier die Goldkapsel-Auslesen und Eisweine ❺ sowie die als »Selection Alte Reben« verkauften Weine.

Weingut Egon Müller ★★ – ★★★★★
Scharzhof, 54459 Wiltingen
Tel. 0 65 01/1 72 32, Fax 15 02 63
8 ha, 98 % Riesling
Über Egon Müller III., seinen Sohn Egon Müller IV. und ihre unglaublich dichten, zarten und mit einem Hauch fruchtiger Süße ausgestatteten Weine ist schon viel geschrieben worden. Bereits die Kabinettweine und Spätlesen von der legendären Lage Scharzhofberger ❸–❺, im klassischen Fuderfass ausgebaut, sind Muster der Saarwein-Eleganz, die Eisweine, Beeren- und Trockenbeerenauslesen erst recht. Letztere erreichen bei den traditionellen Versteigerungen des Großen Ringes atemberaubende Preise. Endverbraucher klingeln am Tor des Hofes, seit 1797 im Besitz der Familie, vergeblich: An sie wird nichts verkauft.
Mitverwaltet wird von den Müllers das Weingut Le Gallais ★★ – ★★★★ in Kanzem, ein 4-ha-Betrieb mit der Spitzenlage Wiltinger Braune Kupp.

Weingut Joh. Jos. Prüm ★★★ – ★★★★★
Uferallee 19, 54470 Bernkastel-Wehlen
Tel. 0 65 31/30 91, Fax 60 71
14 ha, 100 % Riesling

Prüms im Winzerberuf gibts mehrere an der Mittelmosel, aber die Weine des ebenso jovialen wie geheimnisvollen Dr. Manfred Prüm ragen meilenweit heraus. Nicht nur die exquisiten Auslesen ❺ erreichen erst nach einigen Jahren ihren ganzen geschmacklichen Charme, auch die einfachen Kabinettweine und Spätlesen schmecken häufig fünf bis zehn Jahre nach der Ernte am besten – und können im Alter von 20 noch sensationell sein. Die Weine mit dezenter Restsüße überzeugen hier stets am meisten, gerade auch in kleineren Jahren, wenn die Selektion im Weinberg auf die Spitze getrieben wird.

C. von Schubert'sche Gutsverwaltung ★★ – ★★★★★
Grünhaus, 54318 Mertesdorf
Tel. 06 51/51 11, Fax 5 21 22
34 ha, 98 % Riesling

Dr. Carl-Ferdinand von Schubert hat so ziemlich alle Ehrungen erhalten, die in der Weinwelt vergeben werden. Dennoch lässt sein Bestreben um erstklassige Rieslingweine nicht nach. In dem malerischen Herrenhaus, vor 1802 von der Benediktinerabtei Trier bewirtschaftet, entstehen Ruwerweine par excellence. Duftig, zart, mit filigraner Säure und unerhörtem Alterungspotenzial. Eine bernsteingelbe 1959er Beerenauslese war 1999 ein Erlebnis: mit Aromen nach exotischen Früchten und öliger Fülle. Ein Erlebnis ist aber auch der Besuch im lang gestreckten Holzfasskeller tief unter Grünhaus.

T E R R A S S E N M O S E L

Weingut Reinhold Franzen ★★ – ★★★
Gartenstraße 14, 56814 Bremm
Tel. 0 26 75/4 12, Fax 16 55
4,2 ha, 70 % Riesling

 Ulrich und Iris Franzens trockene
Weine werden stets unter dem Be-
griff Qualitätswein abgefüllt, die
besten nennen sich Goldkapsel und
zählen regelmäßig zu den beein-
druckendsten trockenen Moselweinen überhaupt. Edelsüße Weine, etwa vom Bremmer Calmont, der
steilsten Weinlage Europas, sind rar
(und ausgezeichnet). Doch der energische Franzen kann noch mehr, erzeugt Spätburgunder
Rosé-Sekt, Chardonnay und Weißen Burgunder
(ausgebaut in der Barrique) sowie neuerdings einen charmanten »Franzecco« (Riesling mit einem Schuss Kohlensäure) ❷.

Weingut Freiherr von Heddesdorf ★ – ★★★
Moselufer 1, 56333 Winningen
Tel. 0 26 06/96 20 33, Fax 96 20 34
4,2 ha, 100 % Riesling

 Eines der wenigen enga-
gierten Weingüter (seit
1424 in Familienbesitz),
die in den letzten Jahren
für Aufsehen an der Ter-
rassenmosel sorgten. An-
dreas von Canal erzeugt in Terrassenlagen mit
bis zu 100 % Steigung mineralische, konzentrierte Rieslinge, zur Hälfte trocken ❶–❷. Ausge-
zeichnetes Preis-Leistungs-Verhältnis!

Weingut Albert Kallfelz ★★ – ★★★
Hauptstraße 60–62, 56856 Zell-Merl
Tel. 0 65 42/9 38 80, Fax 93 88 50
29 ha, 84 % Riesling

 Albert Kallfelz gehört
zu den Aufsteigern der
letzten Jahre. Was der
sympathische Winzer
und Wein-Philosoph
Jahr für Jahr von seinen
nicht gerade welt-
berühmten Lagen keltert, verdient höchste Ach-
tung. Mineralisch, extraktreich und würzig
kommt das trockene Hochgewächs daher, die
trockenen und halbtrockenen Auslesen ❷–❸
zählen oft zu den besten ihrer Kategorie an der
Mosel. Gelungene Riesling-Alternativen sind der
Kallfelz Weißburgunder und der duftige, frische
Rivaner ❶.

Weingut Reinhard und Beate Knebel ★★ – ★★★
August-Horch-Straße 24, 56333 Winningen
Tel. 0 26 06/26 31, Fax 25 69
5,5 ha, 95 % Riesling

 Die steilen Terrassenlagen
der unteren Mosel mit ihren
Schiefermauern sind nicht
eben einfach zu bearbei-
ten, bringen aber exzellen-
te Weine hervor. Reinhard
und Beate Knebel schöpfen
dieses Potenzial voll und
ganz aus, erzeugen, glasklare und komplexe
trockene Rieslinge ❶–❷ sowie liebliche und
edelsüße Spät- sowie Auslesen mit perfektem
Zusammenspiel von Restzucker, Säure und Kör-
per. Bewundernswert!

Lubentiushof ★ − ★★

Kehrstraße 16, 56332 Niederfell
Tel. 0 26 07/81 35, Fax 84 25
4 ha, 90 % Riesling

 Andreas Barth gehört zu den jungen, aufstrebenden Winzern der Terrassenmosel. Außer den beachtlichen trockenen und dezent süßen Rieslingen macht Barth auch mit dem leider nicht ganz billigen Spätburgunder ❸ oder dem furiosen Riesling-Tresterbrand von sich reden.

Weingut Freiherr von Schleinitz ★ − ★★

Kirchstraße 17, 56330 Kobern-Gondorf
Tel. 0 26 07/97 20 20, Fax 97 20 22
7 ha, 97 % Riesling

 Seit 1892 existiert das Weingut nahe Koblenz und wurde in dieser Zeit von einem auf 7 ha vergrößert. Inhaber Konrad Hähn erzeugt von den steilen Terrassenlagen mineralische, rassige Weine (zu rund 40 % trocken) sowie einen beachtlichen Sekt in klassischer Flaschengärung.

Weingut Bastgen & Vogel ★ − ★★

Moselstraße 1, 54518 Kesten
Tel. 0 65 35/71 42, Fax 15 79
3,6 ha, 70 % Riesling

 An Kesten und an diesem kleinen, umweltbewusst arbeitenden Gut fahren die meisten Touristen achtlos vorüber. Ein Fehler, denn die mineralischen, schmelzend ausgewogenen Weine des jungen Winzerpaares

Mona Bastgen und Armin Vogel lohnen allemal die Probe. Wie der preisgünstige Riesling Blauschiefer ❶.

Weingut Brauneberger Hof ★ − ★★

Moselweinstraße 133, 54472 Brauneberg
Tel. 0 65 34/14 00, Fax 14 01
3 ha, 95 % Riesling

 Martin Conrad übernahm 1998 das alteingesessene Familiengut mit Parzellen in den berühmten Lagen Juffer und Juffer-Sonnenuhr. Conrad setzt auf kühle Vergärung und erzeugt so charmante, frische, aromatische Weine. Ein Weingut mit Potenzial (und einem einladenden Weinrestaurant samt Hotel).

Weingut Clemens Busch ★ − ★★

Im Wingert 39, 56862 Pünderich
Tel. 0 65 42/2 21 80, Fax 16 25
4,8 ha, 86 % Riesling

 Ökologisch arbeiten Clemens und Rita Busch, lassen die Weine mit natürlichen Hefen vergären und bauen sie im Holzfass aus. Das Ergebnis kann sich schmecken lassen – es entstehen rassige, fruchtige Rieslinge sowie ein beachtlicher Barrique-gereifter Spätburgunder ❷−❸.

Weingut Joh. Jos. Christoffel
Erben ★★ – ★★★★
Schanzstraße 2, 54539 Ürzig
Tel. 0 65 32/21 76, Fax 14 71
2,5 ha, 100 % Riesling

Hans Leo Christoffel hat nur ein Problem: Er ist immer viel zu schnell ausverkauft. Um die Auslesen reißen sich die Riesling-Fans in aller Welt, die gutsintern mit vier Sternen klassifizierten Auslesen und Beerenauslesen erzielen auf den Versteigerungen des VDP Höchstpreise ➎. Wurzelechte Reben, Einzelpfahlerziehung, und eine aufwendige, selektive Lese sind die Voraussetzungen für rassige, frische, extraktreiche Weine. Der Ausbau erfolgt ausschließlich im großen Eichenfass.

Weingut Ernst Clüsserath ★ – ★★★
Moselweinstraße 67, 54349 Trittenheim
Tel. 0 65 07/26 07, Fax 66 07
2,7 ha, 93 % Riesling
Die drei Trittenheimer Weingüter mit Namen Clüsserath scheinen sich gegenseitig zu befruchten – es ist schwer herauszufinden, welcher Winzer denn nun die besten Weine macht. Ernst Clüsserath jedenfalls enttäuscht mit seinen fruchtigen, charmanten (und preiswerten) Weinen nie.

Weingut Clüsserath-Eifel ★★ – ★★★
Moselweinstraße 39, 54349 Trittenheim
Tel. 0 65 07/9 90 00, Fax 9 90 02
3,6 ha, 95 % Riesling

Eines der (noch) unterschätzten Weingüter an der Mittelmosel. Inhaber Gerhard Eifel ist nicht nur ein begeisterter Sammler und Kenner alter Moselweine, sondern auch ein höchst sorgfältig arbeitender Winzer. Von den ältesten Reben auf dem schroffen Fährfelsen erntet Eifel seine eindrucksvollsten Weine ➎.

Ein Erlebnis ist der Sekt, veredelt mit einer Altweindosage des Jahrgangs 1931 ➍.

Weingut Clüsserath-Weiler ★★ – ★★★
Das Haus an der Brücke, 54349 Trittenheim
Tel. 0 65 07/50 11, Fax 56 05
4,3 ha, 100 % Riesling

Ein Vollblutwinzer: An seinem 50. Geburtstag feierte Helmut Clüsserath bis morgens um 5 Uhr, um dann mit Frau Hilde und Tochter Verena sowie den Gästen zusammen Eiswein zu lesen. Klasse besitzen in dem Gut am Moselufer aber auch die trockenen Weine von den Lagen Apotheke und Altärchen, der handgerüttelte Sekt sowie selbst gebrannte, im Holzfass gereifte Schnäpse. Der Gewölbekeller ist sehenswert, die Gästezimmer ideal geeignet für einen Moselurlaub.

Weingut Franz-Josef Eifel ★★ – ★★★
Engelbert-Schue-Weg 2, 54349 Trittenheim
Tel. 0 65 07/7 00 09, Fax 70 14 40
4 ha, 80 % Riesling
Das markante Etikett mit dem Fingerabdruck des Winzers hat Symbolwert – hier bürgt einer für die erzeugten Tropfen. Erfolg hat Eifel sowohl mit trockenen Weinen (aus der Lage Trittenheimer Apotheke kommen die eindrucksvollsten) als auch mit fruchtig-milden oder edelsüßen Raritäten.

Weingut Grans-Fassian ★★ – ★★★★
Römerstraße 28, 54340 Leiwen
Tel. 0 65 07/31 70, Fax 81 67
9 ha, 90 % Riesling

Gerhard Grans ist nicht nur ein Meister des klassischen, rassigen Mittelmoselrieslings, sondern er beherrscht auch das Marketing. Seine »Selection« aus alten Reben hat ebenso Erfolg wie die leichte, frische »Cuvée 9« ❷ mit gerade mal 9 % Alkohol. Die zahlreichen noch erhältlichen Auslesen und Eisweine haben alle ihren Preis – aber sie besitzen auch Klasse. Wie auch der eigene Landgasthof, das Musterbeispiel seiner Art an der Mosel.

Weingut Theo Grumbach ★ – ★★
Moselstraße 32, 54470 Lieser
Tel. 0 65 31/22 31, Fax 79 36
3 ha, 80 % Riesling
Nicht nur Riesling, auch ein interessanter Rotwein. Und dazu nimmt Familie Grumbach für ihre überdurchschnittlichen Weine bloß unterdurchschnittliche Preise.

Weingut Willi Haag ★ – ★★★
Moselweinstraße 173, 54472 Brauneberg
Tel. 0 65 34/4 50, Fax 6 89
3,5 ha, 100 % Riesling
Was kann da schon schief gehen, bei Parzellen in der Juffer oder der Juffer-Sonnenuhr? Eleganz ist das Kennzeichen der Weine des jungen und engagierten Marcus Haag. Die Goldkapsel-Auslesen erzielen zu Recht hohe Preise bei den jährlichen VDP-Versteigerungen.

Weingut Johann Haart ★ – ★★★
St.-Michael-Straße 47, 54498 Piesport
Tel. 0 65 07/29 55, Fax 61 55
6,7 ha, 80 % Riesling

Bis zum Jahr 1337 kann die Familie Haart ihre Weinbautradition zurückverfolgen. Gerd und Elfriede Haarts Weine gehören noch immer zu den Geheimtipps der Region, allen voran die mit zarter, nie aufdringlicher Restsüße ausgebauten Kabinette und Spätlesen ❶–❷. Die Topgewächse werden mittels Ganztraubenpressung erzeugt. Wäre das Preis-Leistungs-Verhältnis doch überall so hervorragend wie hier!

Weingut Reinhold Haart ★★★ – ★★★★
Ausoniusufer 18, 54498 Piesport
Tel. 0 65 07/20 15, Fax 59 09
6 ha, 100 % Riesling

Theo Haart hat im direkten Vergleich der Haartschen Weingüter häufig die Nase ein Stückchen vorn. 1875 wurde hier erstmals der Lagenname Goldtröpfchen verwendet, zuvor firmierten die Weine des Ortes schlicht als Piesporter. Dank kühler Vergärung wirken die fast nie völlig trockenen Weine schon jung duftig und enorm fruchtig. Doch ihren geschmacklichen Höhepunkt erreichen sie häufig erst nach 10 oder mehr Jahren.

Weingut Kurt Hain ★ – ★★★
Am Domhof 5, 54498 Piesport
Tel. 0 65 07/24 42, Fax 68 79
4,7 ha, 85 % Riesling

Saftig, würzig, filigran sind die Rieslinge des Winzerpaares Gernot und Susanne Hain. Dank einer Spur Kohlensäure machen sie bereits jung Freude, können aber ausgezeichnet altern. Die Hains verwenden im Keller sowohl Edelstahltanks als auch Holzfässer und lassen die Moste möglichst mit natürliche Hefen vergären. Von diesem Betrieb, dem ein sympathisches Weinhotel angeschlossen ist, dürfte noch einiges zu hören sein.

Weingut Immich-Batterieberg ★ – ★★★
Im Alten Tal 2, 56850 Enkirch
Tel. 0 65 41/8 30 50, Fax 83 05 16
4,3 ha, 100 % Riesling

Ausschließlich Riesling-reben stehen in den Weinbergen des engagierten Winzerpaares Gert und Sabine Basten. Zusammen mit Kellermeister Uwe Jostock bauen sie in Edelstahltanks kraftvolle, würzige Weine aus: Die trockenen Weine sind den lieblichen ebenbürtig und scheinen immer besser zu werden. Übrigens: Der kuriose Name Batterieberg entstand im 19. Jahrhundert, als diese Lage (im Alleinbesitz des Gutes) aus dem Fels herausgesprengt wurde.

Weingut Karp-Schreiber ★★ – ★★★
Moselweinstraße 186, 54472 Brauneberg
Tel. 0 65 34/2 36, Fax 7 90
6 ha, 95 % Riesling

In den letzten Jahren hat sich, unter Leitung von Alwin Karp, die Qualität dieses Weingutes konsolidiert.
Biologisch-dynamische Bewirtschaftung ist das Ziel des engagierten Winzers, vor allem die fruchtigen, konzentrierten Rieslinge mit Restsüße haben zu Recht viel Erfolg.

Weingut Kees-Kieren ★★ – ★★★
Hauptstraße 22, 54470 Graach
Tel. 0 65 31/34 28, Fax 15 93
4,5 ha, 90 % Riesling

Ohne viel Aufsehen haben sich Werner und Ernst-Josef Kees unter die Topweingüter der Mittelmosel vorgearbeitet. Niedrige Erträge und langsame Vergärung der Moste führen zu filigranen, mineralischen Weinen, die sich über die Jahre hinweg gut entwickeln. Die Zwei-Sterne-Auslesen gehören zu den preiswertesten edelsüßen Moselweinen überhaupt ❸.

Weingut Heribert Kerpen ★★ – ★★★
Uferallee 6, 54470 Bernkastel-Wehlen
Tel. 0 65 31/68 68, Fax 34 64
5 ha, 100 % Riesling

Martin Kerpen ist konsequent. Ausschließlich Riesling, niedrige Erträge, durch reduzierten Anschnitt, Ausbau der Weine ausschließlich in Holzfässern. Die trockenen Weine zählen zu den Spezialitäten des Hauses und präsentieren sich jung verführerisch, spritzig, zart; reifen aber auch ausgezeichnet. Die besten Spät- und Auslesen werden mit Sternen markiert. Martin Kerpen experimentiert mit verschiedenen Methoden der Reberziehung, um den enormen Arbeitsaufwand in den Steillagen zu reduzieren.

Weingut Kirsten ★★ – ★★★
Krainstraße 5, 54340 Klüsserath
Tel. 0 65 07/9 91 15, Fax 9 91 13
6 ha, 95 % Riesling

Bei Inge und Bernhard Kirsten ist manches anders als sonstwo. Die Weine nennen sich »Wolkentanz« (ein spritziger, leichter Qualitätswein ❶), »Cuvée Bruderschaft« ❷ oder »Herzstück« ❷ (kräftige, mineralische Weine). Kirstens legen viel Wert darauf, den Lagencharakter herauszuarbeiten und lassen die Moste auch mal spontan mit natürlichen Hefen vergären. Der Weiße Burgunder ❷ wird in der Barrique ausgebaut.

Weingut Rainer Knod ★ – ★★
Kirchstraße 8, 56843 Burg
Tel. 0 65 41/92 70, Fax 81 13 28
5 ha, 87 % Riesling
Nach seinem Weinbaustudium in Geisenheim übernahm der junge Rainer Knod zusammen mit Schwester Claudia den elterlichen Betrieb. Seit 1998 steigerte man die Qualität nochmals. Ganztraubenpressung, kalte Vergärung und Ausbau im Holzfass auf der Feinhefe sind selbstverständlich – es entstehen eher üppig fruchtige als filigrane Weine. Knod experimentiert auch mit Biologischem Säureabbau – mit häufig interessantem Ergebnis. Eine Spezialität ist der Graue Burgunder ❷.

Weingut Sybille Kuntz ★ – ★★★
Moselstraße 25, 54470 Lieser
Tel. 0 65 31/9 10 00, Fax 9 10 01
5 ha, 98 % Riesling

 Eine der umtriebigsten Moselwinzerinnen, die sich auch im Export engagiert. Der Inhalt der konzentrierten, kraftvollen, häufig trockenen oder »international trockenen« (= halbtrockenen) Weine steht der geschmackvollen Flaschenausstattung nicht nach, etwa beim saftigen, extraktreichen trockenen »Gold-Quadrat« ❷ oder den »sur lie« ❷–❸ direkt von der Feinhefe abgezogenen Weinen.

Weingut Lehnert-Veit ★ – ★★★
In der Dur 10, 54498 Piesport
Tel. 0 65 07/21 23, Fax 71 45
5,8 ha, 70 % Riesling

 Mehr als die Hälfte der erzeugten Weine werden bei Erich Lehnert trocken ausgebaut, sind aber mitnichten sauer. Lehnert achtet stets auf ein Gleichgewicht zwischen Extrakt, Säure, Alkohol und Frucht. In der eigenen Gutsschänke serviert man auch gern einen Spätburgunder aus dem Allier-Barrique (besondere Eichenart) oder trockenen Weißburgunder.

Weingut Schloss Lieser ★★ – ★★★★
Am Markt 1, 54470 Lieser
Tel. 0 65 31/64 31, Fax 10 68
7 ha, 100 % Riesling

 Kein Wunder, dass Thomas Haags Weine begeistern – schließlich ist der Inhaber ein Sohn des legendären Wilhelm Haag (Weingut Fritz Haag). Im ehemaligen Gutsgebäude des Freiherrn von Schorlemer, 1904 erbaut, erzeugt Haag seit 1992 glasklare, mineralisch-würzige Rieslinge. Niedrige Erträge und kühle Gärung verschaffen dem VDP-Mitglied schon heute einen Spitzenplatz an der Mittelmosel.

Weingut Carl Loewen ★★ – ★★★
Matthiasstraße 30, 54340 Leiwen
Tel. 0 65 07/30 94, Fax 80 23 32
6 ha, 95 % Riesling

 Eines der aufstrebenden Weingüter der Mittelmosel. Karl-Josef Loewen hat den 1803 im Zuge der Säkularisierung entstandenen Betrieb mit geschicktem Marketing und schlanken, mineralischen Rieslingen bekannt gemacht. Alte Reben, langsame Vergärung und natürlich Toplagen (allen voran Leiwener Laurentiuslay) sind Kennzeichen des Gutes. Neueste Errungenschaft: Der »Varidor« ❶–❷, ein trockener Wein von züchterisch nicht bearbeiteten, teilweise hundertjährigen Rebstöcken.

Weingut Alfred Merkelbach ★ – ★★
Brunnenstraße 11, 54539 Ürzig
Tel. 0 65 32/45 22, Fax 28 89
1,9 ha, 100 % Riesling

Eines der sympathischsten Moselweingüter führen die Gebrüder Alfred und Rolf Merkelbach. In dem historischen Schieferhaus aus dem Jahr 1867 werden Weine verkauft, die nach guter, alter Art im Holzfass ausgebaut wurden. Die alten, zum großen Teil wurzelechten Reben ergeben saftige, leichte Rieslinge mit Extrakt und Würze.

Weingut Meulenhof ★ – ★★
Zur Kapelle 8, 54492 Erden
Tel. 0 65 32/22 67, Fax 15 52
4 ha, 80 % Riesling
Stefan Justens Auslesen aus der winzigen Spitzenlage Erdener Prälat sind hoch begehrt, aber auch die übrigen Weine – zumeist von fruchtiger Süße geprägt – besitzen ursprünglichen Charme. Nicht jeder Moselwein ist so saftig und direkt wie die Spätlese vom Erdener Treppchen ❷.

Weingut Milz Laurentiushof ★★ – ★★★
Moselstraße 7, 54349 Trittenheim
Tel. 0 65 07/23 00, Fax 56 50
6,9 ha, 100 % Riesling

Der eindrucksvollen Geschichte ihres Gutes versuchen Karl-Josef und Markus Milz nachzueifern. Seit 1520 betreibt die Familie Weinbau, der sehenswerte Keller stammt aus dem Jahr 1680 und ist mit klassischen Fuderfässern bestückt. Nicht weniger als drei Lagen (Neumagener Nusswingert, Trittenheimer Felsenkopf und Leiterchen) befinden sich im Alleinbesitz. Die Qualität der Weine, vor allem jene der fruchtigen, restsüßen Sorten, ist Jahr für Jahr erstaunlich gleichmäßig.

Weingut Mönchhof – Robert Eymael ★ – ★★★
Mönchhof, 54539 Ürzig
Tel. 0 65 32/9 31 64, Fax 9 31 66
10 ha, 100 % Riesling

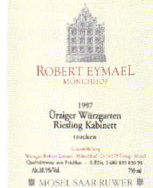

Das prächtige, 1509 erbaute Weingutsgebäude am Ortsrand von Ürzig kennen auch viele, die nie in ihrem Leben an der Mosel waren – man konnte es in der Fernsehserie »Moselbrück« bewundern. Prächtig sind aber auch die Weine aus Spitzenlagen wie dem Erdener Prälat, gewonnen aus alten, wurzelechten Reben. Seit Robert Eymael junior das Gut 1994 übernommen hat, geht es deutlich aufwärts.

Weingut Markus Molitor ★★ – ★★★★★
Klosterberg, 54470 Bernkastel-Wehlen
Tel. 0 65 32/39 39, Fax 42 25
20 ha, 92 % Riesling
Superlative sind die Sache des jungen Markus Molitor. Jahr für Jahr erzeugt er eine Fülle an Lagenweinen, darunter – dank später Lese – immer wieder fabelhafte Süßweine. Seinen persönlichen Rekord stellte er 1994 mit einer Trockenbeerenauslese auf: 285 Grad Oechsle betrug das Mostgewicht. Herrlich konzentrierte Eisweine, aber auch komplexe, rassige, trockene Rieslinge begeistern. Vom fruchtigen Spätburgunder ❸ gar nicht zu reden.

Weingut Paulinshof ★★ – ★★★

Paulinsstraße 14, 54518 Kesten
Tel. 0 65 35/5 44, Fax 12 67
7,5 ha, 100 % Riesling

Christa und Klaus Jüngling gehören zu den Spezialisten trockener und halbtrockener Weine an der Mittelmosel: Beide Varianten machen vier Fünftel der erzeugten 75 000 Flaschen aus. Von den Weinen der im Alleinbesitz befindlichen Lage Brauneberger Kammer zeigte sich 1788 bereits der spätere US-Präsident Thomas Jefferson begeistert. Der Ausbau erfolgt zum größten Teil im Edelstahl, abgefüllt wird in sehr markante, elegante Flaschen. Ein Gut mit Zukunft!

Weingut Dr. Pauly-Bergweiler ★★ – ★★★

Gestade 15, 54470 Bernkastel-Kues
Tel. 0 65 31/30 02, Fax 72 01
12,5 ha, 90 % Riesling

Die Fülle an Spitzenlagen, von denen der Argrarwissenschaftler Dr. Peter Pauly ernten kann, liest sich wie ein Who's Who der Moselweinberge. Erdener Prälat oder Ürziger Goldwingert, Wehlener Sonnenuhr oder Bernkasteler Alte Badstube am Doctorberg. Zum Betrieb, der mit modernster Technik arbeitet, gehört das Weingut Peter Nicolay in Ürzig. Pauly erzeugt Jahr für Jahr eine Fülle an Weinen, und nicht alle fallen gleich aus. Immer sehr beachtlich sind die trockenen Rieslinge sowie die edelsüßen Spitzen. Nicht zu vergessen: der Spätburgunder ❷, zur Hälfte in der Barrique ausgebaut.

Weingut S. A. Prüm ★★ – ★★★★

Uferallee 25–26, 54470 Bernkastel-Wehlen
Tel. 0 65 31/3 11 30, Fax 85 55
9,5 ha, 86 % Riesling

Es war ein Prüm mit Vornamen Jodocus, der 1842 die weltberühmte Wehlener Sonnenuhr errichtete. Dem Urahn eifert Raimund Prüm heute nach. Alte Reben, niedrige Erträge, Ganztraubenpressung und lange Lagerung auf der Feinhefe ergeben sehr komplexe, nachhaltige Weine. Nicht nur Rieslinge (wie die »Vision«, zwei Jahre lang extrem langsam vergoren ❸), sondern auch interessante Weißburgunder. Eine Weinscheune mit Kelterhaus wurde neu erbaut, sehr komfortable Zimmer stehen im eigenen Gästehaus zur Verfügung.

Weingut Walter Rauen ★★

Im Würzgarten, 54340 Detzem
Tel. 0 65 07/32 78, Fax 83 72
8,5 ha, 65 % Riesling

Schon im Weinberg fängt Qualität an. Walter Rauen und Sohn Stefan begrenzen den Ertrag und düngen mit Stallmist und Stroh. Kühle Vergärung ergibt schlanke, fruchtige, sehr charmante Weine. Die trockenen (Riesling und Weißburgunder) ❶–❷ gehören zu den größten Schnäppchen der Region – erst recht, wenn es sich um Spät- oder Auslesen handelt.

Weingut Reuscher-Haart ★ – ★★

Sankt-Michael-Straße 20–22, 54498 Piesport
Tel. 0 65 07/24 92, Fax 56 74
4 ha, 90 % Riesling

Piesport hat sich zu einem Tummelplatz der qualitätsbewussten Winzer entwickelt. Franz-Hugo Schwang erzeugt von Jahr zu Jahr interessante Rieslingweine, die besten kommen häufig vom Goldtröpfchen.

Weingut Max Ferd. Richter ★ – ★★★

Hauptstraße 85, 54486 Mülheim
Tel. 0 65 34/7 04, Fax 12 11
15 ha, 90 % Riesling
Auf das Jahr 1680 geht die Tradition dieses
Gutes zurück. Im Alleinbesitz befinden sich die
Lagen Veldenzer Elisenberg sowie Mülheimer
Helenenkloster, doch die besten Gewächse
stammen häufig von der Brauneberger Juffer-
Sonnenuhr.

Weingut Josef Rosch ★ – ★★★

Mühlenstraße 8, 54340 Leiwen
Tel. 0 65 07/42 30, Fax 82 87
4,5 ha, 100 % Riesling

 Der kleine Weinbauort
Leiwen zählt seit Jahren
zu den engagiertesten
Moselgemeinden. Unter
den »Leiwener Jungwinzern«, einem Zusammen-
schluss engagierter Weinmacher, gehört Werner
Rosch zu denen mit dem wohl zuverlässigsten
Sortiment, wobei die trockenen Weine oft ganz
besonders überzeugen. Und der in klassischer
Flaschengärung erzeugte Rieslingsekt ❷ auch.

Weingut St. Urbans-Hof ★★ – ★★★★

Urbanusstraße 16, 54340 Leiwen
Tel. 0 65 07/9 37 70, Fax 93 77 30
38 ha, 90 % Riesling
Sowohl in Toplagen der Mittelmosel als auch an
der Saar (Ockfener Bockstein etwa) besitzt dieses große, im Export sehr erfolgreiche Gut Reben. Heute leitet Nik Weis den Betrieb, ein Enkel
des Gründers, des Ökonomierates Nicolaus
Weis. Sorgfältige Arbeit im Weinberg, niedrige
Erträge, schonende Kelterung und gekühlte
Gärung führen zu perfekt ausbalancierten, duftigen Gewächsen. Selbst die trockenen
Weine ❶–❷ schmecken harmonisch, rund und
besitzen viel Schmelz.

Weingut Willi Schaefer ★★ – ★★★★★

Hauptstraße 130, 54470 Graach
Tel. 0 65 31/80 41, Fax 14 14
2,7 ha, 100 % Riesling

 Mehr Sein als
Schein ist das
Motto des sympa-
thischen und be-
scheidenen Win-
zers Willi Schaefer
und seines Sohnes Christoph. Das Etikett ist
wahrlich nicht das modernste, aber der Inhalt
der Flaschen umso zeitgemäßer. Rassig, dicht,
mit feinstem Süße-Säure-Spiel – die Kabinettweine ❷ von Spitzenlagen wie Graacher Domprobst oder Wehlener Sonnenuhr sind muster-
gültig, die Auslesen ❺ gewaltig. Aber auch der
trockene Gutsriesling ist extraktreich und dicht,
nie sauer.

Weingut Heinz Schmitt ★ – ★★★

Stephanusstraße 4, 54340 Leiwen
Tel. 0 65 07/42 76, Fax 81 61
9 ha, 87 % Riesling

 Heinz Schmitt schaut über die
Grenzen seines Heimatortes
Leiwen hinweg, studiert die
Weinbereitungsmethoden aus-
ländischer Kollegen, düngt in
den Weinbergen nur so viel
wie nötig. Die würzigen und
ausgewogenen Rieslinge besitzen immer eine
gewisse Fülle und überzeugen sowohl in der Kategorie trocken als auch bei den Weinen mit
Restsüße. Und mit der »Heinz Schmitt Cuvée«
(einer Mischung aus Riesling und Weißburgunder ❷), dem kraftvoll-schlanken reinsortigen
Weißburgunder ❷ sowie dem Sekt aus Weißburgunder ❷ erreicht Schmitt mehr als Ach-
tungserfolge.

Weingut Selbach-Oster ★★★ – ★★★★
Uferallee 23, 54492 Zeltingen
Tel. 0 65 32/20 81, Fax 40 14
10,8 ha, 100 % Riesling

In den USA sind Johannes und Vater Hans Selbach mindestens ebenso bekannt wie in Deutschland. Beste Lagen in Zeltingen, Wehlen oder Graach bilden die Voraussetzungen, aber die Selbachs müssen die Arbeit in Weinberg und Keller schon selber leisten. Und das tun sie äußerst sorgfältig – sowohl bei den trockenen als auch bei den mit Restsüße abgefüllten Weinen. Fruchtig, saftig, fast cremig sind die Auslesen ❸–❹ – und preiswert obendrein.

**Weingut Studert-Prüm –
Maximinhof** ★★ – ★★★
Hauptstraße 50, 54470 Bernkastel-Wehlen
Tel. 0 65 31/24 87, Fax 39 20
5 ha, 95 % Riesling

Bereits in der 12. Generation, seit dem Jahr 1581, betreibt die Familie Studert Weinbau, 1805 übernahm sie den säkularisierten Maximinhof. Die Önologen Gerhard und Stephan Prüm sind zwar keine Spezialisten trockener Weine, aber die raren durchgegorenen Sorten ❶–❷ überzeugen ebenso mit mineralischer Würze wie die halbtrockenen und restsüßen Varianten. Das Potenzial der Toplage Wehlener Sonnenuhr nutzen die Studerts voll aus – und bieten ihre Weine dennoch zu günstigen Preisen an.

**Weingut Dr. H. Thanisch, Erben Müller-
Burggraef** ★ – ★★★
Saarallee 24, 54470 Bernkastel-Kues
Tel. 0 65 31/75 70, Fax 79 10
7 ha, 95 % Riesling

Das zweite Bernkasteler Weingut mit Namen Thanisch verfügt über ebenso gute Parzellen im Bernkasteler Doctor und anderen Spitzenlagen. Fruchtig, würzig, harmonisch sind die Rieslingweine im Idealfall. Gern zeigt Inhaberin Margrit Müller-Burggraef Besuchern auch den Schatzkeller, in dem noch eine unverkäufliche Flasche 1921er Doctor-Trockenbeerenauslese ruht.

Weingut Wwe. Dr. H. Thanisch, Erben Thanisch ★★ – ★★★
Saarallee 31, 54470 Bernkastel-Kues
Tel. 0 65 31/22 82, Fax 22 26
6,5 ha, 100 % Riesling

Frauen haben Tradition in diesem Weingut, seit die Witwe des preußischen Abgeordneten Dr. Hugo Thanisch 1895 die Leitung übernahm. Heute ist Sofia Thanisch-Spier verantwortlich für die Erzeugung der berühmten, nicht eben billigen Doctorweine ❸–❺. Aber auch die wesentlich preiswerteren Rieslinge der übrigen Lagen (etwa Brauneberger Juffer-Sonnenuhr, Bernkasteler Badstube) gelingen tadellos – vor allem jene mit Restsüße.

Weingüter Geheimrat J. Wegeler Erben ★★ – ★★★

Martertal 2, 54470 Bernkastel-Kues
Tel. 0 65 31/24 93, Fax 87 23
17 ha, 96 % Riesling
Modernste Kellertechnik und Parzellen in einigen der allerbesten (und berühmtesten Lagen) der Mosel: Das Potenzial für erstklassige Rieslingweine ist vorhanden. Und seit einiger Zeit wird es auch ausgenutzt – Familie Wegeler fährt eindeutig Qualitätskurs. Hochwertige trockene Weine!

Weingut Dr. F. Weins-Prüm ★★ – ★★★

Uferallee 20, 54470 Bernkastel-Wehlen
Tel. 0 65 31/22 70, Fax 31 81
4 ha, 100 % Riesling

Die Rieslinge der legendären Lage Erdener Prälat sind bei Bert Selbach oft als erste ausverkauft – sie werden mit einem besonderen Etikett versehen. Aber auch die übrigen Weine, allen voran die fruchtigen, filigranen und dezent restsüßen Kabinette, Spätlesen und Auslesen, überzeugen regelmäßig.

Weingut Weller-Lehnert ★ – ★★★

St. Michael-Straße 27–29, 54498 Piesport
Tel. 0 65 07/24 98, Fax 67 66
7 ha, 90 % Riesling
Einer jener Piesporter Betriebe, die in den Neunzigerjahren mit schlanken, ausgewogenen Rieslingweinen auf sich aufmerksam machen konnten. Petra und Jörg Matheus sind auf dem richtigen Weg.

Weingut Dr. Fischer – Bocksteinhof ★ – ★★

54441 Ockfen
Tel. 0 65 81/21 50, Fax 66 26
16 ha, 98 % Riesling

Eines der größeren Weingüter an der Saar – und eines, dessen fruchtige, duftige und leicht restsüße Weine besonders überzeugen. Hans-Henning Fischer baut seine erstaunlich preiswerten Gewächse (z. B. von der berühmten Lage Ockfener Bockstein) im Holzfass aus.

Weingut Forstmeister Geltz-Zilliken ★★ – ★★★★

Heckingstraße 20, 54439 Saarburg
Tel. 0 65 81/24 56, Fax 67 63
10 ha, 100 % Riesling

Hans-Joachim Zilliken gilt als der Purist unter den Saarwinzern. Ausschließlich Riesling baut er in seinen Lagen Saarburger Rausch und Ockfener Bockstein an, und im tiefen, von Pilzen überwachsenen Keller steht ein Holzfass neben dem anderen. Die Nachfrage nach den raren Goldkapsel-Auslesen und Eisweinen ist groß, aber auch die Kabinettweine und Spätlesen ❷–❸ begeistern mit klarer Frucht und unnachahmlicher Eleganz.

Weinhof Herrenberg ★ – ★★★
Hauptstraße 80, 54441 Schoden
Tel. 0 65 81/12 58, Fax 12 58
2 ha, 100 % Riesling

 Ockfener Bockstein, Schodener Herrenberg und Wiltinger Schlangengraben sind die Lagen, in denen die junge Claudia Loch ihre zarten, fruchtigen, eleganten Rieslinge mit perfektem Süße-Säure-Spiel erntet. Die Reben, darunter wurzelechte Stöcke, werden ökologisch bewirtschaftet.

Weingut von Hövel ★★ – ★★★
Agritiusstraße 5–6, 54329 Konz-Oberemmel
Tel. 0 65 01/1 53 84, Fax 1 84 98
12 ha, 100 % Riesling

 Im idyllischen Oberemmel erzeugt der zupackende Eberhard von Kunow Jahr für Jahr Weine von erstaunlicher Zuverlässigkeit. Der trockene Gutsriesling Balduin von Hövel ❷ überzeugt ebenso wie die halbtrockenen oder restsüßen Varianten vom Scharzhofberg oder der Oberemmeler Hütte. Gutes Preis-Leistungs-Verhältnis!

Weingut Jordan & Jordan ★ – ★★★★
Dehenstraße 2, 54459 Wiltingen
Tel. 0 65 01/1 65 10, Fax 1 31 06
13,6 ha, 80 % Riesling

 Peter Jordan ist ein Seiteneinsteiger in die Weinbranche. 1993 übernahm der Physiker und Computerspezialist das ehemalige Gut van Volxem und krempelte es völlig um. Der »Weinmacher« von der Saar ist ein Qualitätsfanatiker, der gern aneckt, aber seine Idee des perfekten Saar-weines unbeirrt verfolgt. Das Gut wurde zum 1. 1. 2000 an Roman Niedwodniczansky und Gernot Kollmann verkauft, die Zukunft scheint gesichert.

Weingut Peter Lauer ★★ – ★★★
Trierer Straße 49, 54441 Ayl
Tel. 0 65 81/30 31, Fax 23 44
4 ha, 100 % Riesling

 Julia und Peter Lauer haben es nicht nötig, die große PR-Trommel zu rühren. Einen großen Teil ihrer jährlich abgefüllten rund 40 000 Flaschen schenken sie im eigenen Weinhotel mit renommierter Küche aus, vieles geht an treue Privatkunden. Fass für Fass wird hier getrennt abgefüllt, die Fassnummer auf dem Etikett vermerkt. Saftig, mit perfektem Süße-Säure-Spiel – Lauers halbtrockene Rieslinge ❶-❷ sind oft die besten.

Weingut von Othegraven ★★ – ★★★
Weinstraße 1, 54441 Kanzem
Tel. 0 65 01/15 00 42, Fax 1 88 79
7 ha, 100 % Riesling

 Ein legendäres Weingut! Gegründet im 16. Jahrhundert, wurde es spätestens unter der »Grande Dame« der Saar, Maria von Othegraven, zu einer Institution. Nach einigen wechselhaften Jahren übernahm 1995 deren Nichte Dr. Heidi Kegel den Betrieb und verfolgt nun eine konsequente Qualitätspolitik. Mit Understatement wird der trockene Spitzenwein lediglich als Kanzemer Altenberg QbA ❸ angeboten. Exzellente Rieslingsekte ❷!

Weingut Piedmont ★ – ★★

Saartalstraße 1, 54329 Konz-Filzen
Tel. 0 65 01/9 90 09, Fax 9 90 03
5 ha, 90 % Riesling

Claus und Monika Piedmont erzeugen jährlich nur eine übersichtliche Handvoll an Weinen. Darunter ein markanter, dichter Riesling mit langem Hefelager oder die oft von alten, wurzelechten Reben gewonnene Spätlese ❷. Gelungen ist regelmäßig auch der Rieslingsekt brut ❷.

Weingut Johann Peter Reinert ★ – ★★★

Alter Weg 7 a, 54441 Kanzem
Tel. 0 65 01/1 32 77, Fax 15 00 68
4 ha, 70 % Riesling
In einigen der besten Saarlagen besitzt Johann Peter Reinert Parzellen: im Wiltinger Schlangengraben oder der Ayler Kupp. Seine fruchtigen Auslesen werden von Kennern geschätzt, aber auch der schlanke Weißburgunder gefällt.

Weingut Hans Resch ★ – ★★

Kirchstraße 29, 54459 Wiltingen
Tel. 0 65 01/1 64 50, Fax 1 45 86
6 ha, 85 % Riesling

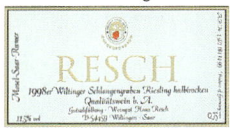

Zehn Jahre Garantie gibt Franz-Andreas Resch auf jeden seiner Weine. Und das sind nicht nur schlanke, würzige Rieslinge, sondern auch Weißburgunder, Chardonnay ❷ oder eine Cuvée aus Riesling und Weißburgunder ❶. Seine besten Gewächse kommen als »Private Reserve« auf den Markt.

Weingut Edmund Reverchon ★ – ★★

Saartalstraße 3, 54329 Konz-Filzen
Tel. 0 65 01/92 35 00, Fax 92 35 09
20 ha, 92 % Riesling

Eddie Reverchon und Tochter Andrea gehören zu den ideenreichsten Winzern an der Saar. Riesling – ja, gewiss, aber im bereits 1627 urkundlich erwähnten Gutshaus entstehen auch trockener Chardonnay ❷, ein frischer, direkt von der Hefe (sur lie) gefüllter Rosé ❷ oder der Sekt aus Spätburgunder und Schwarzriesling ❸. Der Filzener Herrenberg befindet sich im Alleinbesitz.

Weingut Schloss Saarstein ★★ – ★★★★

54455 Serrig
Tel. 0 65 81/23 24, Fax 65 23
10 ha, 95 % Riesling

Lage und Betrieb sind eine Einheit am südlichen Ende der Saar. Christian Ebert und seine aus dem fränkischen Weingut Wirsching stammende Frau Andrea ernten pikant-würzige Weine, geprägt von zarten Fruchtnoten. Die Goldkapsel-Auslesen ❺ zählen zu den feinsten edelsüßen Saarweinen.

Bert Simon – Weingut Herrenberg ★ – ★★★

Römerstraße 63, 54455 Serrig
Tel. 0 65 81/22 08, Fax 22 42
17 ha, 75 % Riesling

Duftige, schlanke, langlebige Weine können in dem Gutshaus in Serrig erworben werden. Auch ältere – Bert Simon, der bedächtige VDP-Winzer, hat auch

noch eine Fülle an gereiften Kabinetten und
Spätlesen zu sehr sympathischen Preisen ❶–❷
im Sortiment.

Staadter Sektkellerei ★ – ★★★
54441 Kastel-Staadt
Tel. 0 65 82/75 84, Fax 27 57
Kein Wein-, nur ein Sektgut. Aber was für eines:
Die lange auf der Hefe gereiften Schaumweine
gehören zu den interessantesten Vertretern ihrer
Gattung an der Saar.

Weingut Dr. Heinz Wagner ★★ – ★★★
Bahnhofstraße 3, 54439 Saarburg
Tel. 0 65 81/24 57, Fax 60 93
9 ha, 100 % Riesling
Filigrane, saftige Rieslingweine sind das Metier
des sehr zurückhaltenden Heinz Wagner. Die
Unterschiede von Jahrgang zu Jahrgang fallen in
dem ein wenig verwunschen wirkenden Gutshof
gering aus.

R U W E R T A L   U N D   T R I E R

Weingut Erben von Beulwitz ★★ – ★★★
Eitelsbacher Straße 4, 54318 Mertesdorf
Tel. 06 51/9 56 10, Fax 9 56 11 50
5,7 ha, 100 % Riesling

Im Schatten des
berühmten Kar-
thäuserhofes hat
sich der Betrieb
von Herbert Weis
zu einem der
Topgüter an der Ruwer emporgearbeitet. Alte
Reben und niedrige Erträge sind die eine Seite
der Medaille, kühle Vergärung mit natürlichen
Hefen sowie individueller Ausbau in Holz oder
Stahl die andere. Zart und duftig (schwarze Johannisbeeren, Zitrusfrüchte) sind seine Weine.

Bischöfliche Weingüter ★ – ★★
Gervasiusstraße 1, 54290 Trier
Tel. 06 51/4 34 41, Fax 4 02 53
100 ha, 98 % Riesling
1966 wurden die Weingüter des Bischöflichen
Konvikts, des Priesterseminars und der Hohen
Domkirche zu einem Betrieb zusammengefasst.
Ein Rundgang durch den riesigen, ab 1593 er-
bauten Weinkeller unterhalb von Trier ist ein
Erlebnis. Von Spitzenlagen an der Mittelmosel
und an der Saar kommen die durchweg zuver-
lässigen Weine.

Weingut Karlsmühle-
Lorenzhof ★★ – ★★★★
Im Mühlengrund 1, 54318 Mertesdorf
Tel. 06 51/51 24, Fax 5 61 02 96
12 ha, 90 % Riesling

Zu Unrecht steht dieses
Gut im Schatten berühm-
ter Ruwertal-Kollegen. Peter Geiben besitzt aber
auch Rebstöcke an der
Saar (Weingut Patheiger)
und der Mittelmosel (Thör-
nicher Ritsch). Beeindruckend sind immer wieder
die perfekt ausgewogenen trockenen und halbtrockenen Rieslinge QbA und Kabinett ❶–❷;
die Goldkapsel-Auslesen sowie die Eisweine ❺
zählen zu den zartesten Süßweinen weit und
breit.

Weingut Reichsgraf von
Kesselstatt ★★ – ★★★★
Schlossgut Marienlay, 54317 Morscheid
Tel. 0 65 00/9 16 90, Fax 91 69 69
55 ha, 100 % Riesling

650jähriges Jubiläum
feierte das Weingut
Reichsgraf von Kessel-
statt, der größte pri-
vate Winzerbetrieb
an der Mosel. Seit neuestem residiert man an
der Ruwer, doch besitzt Annegret Reh-Gartner
auch Lagen an der Mosel (Bernkasteler Doctor,

Josephshöfer) und der Saar (Scharzhofberger).
Die hausinterne Klassifizierung unterscheidet
zwischen »Großen« und »Ersten Gewächsen«. In
den besten Lagen sind die Erträge besonders
niedrig (40 hl/ha im zehnjährigen Mittel). Alle
Weine werden von Kellermeister Bernward Kei-
per im Stahl ausgebaut, um die saftige Frucht zu
bewahren. Die Lagencuvée »Palais
Kesselstatt« ❸ ist das Muster eines trockenen
Mosel-Saar-Ruwer-Rieslings!

Weingut Peter Terges ★ – ★★
Olewiger Straße 145, 54295 Trier
Tel. 06 51/3 10 96, Fax 30 96 71
5 ha, 70 % Riesling

Kaum weniger als
100 Weine um-
fasst die Preisliste
des umtriebigen
Peter Terges, des
Trierer Winzerori-
ginals schlecht-
hin. Verkostungen werden hier immer zum Erlebnis. Terges Stärke liegt sicher bei den fruchtigen
Weinen mit dezenter Restsüße, aber auch der
trockene Weißburgunder ❶ macht Freude, und
des Winzers Faible für Eiswein ist bekannt.

Vereinigte Hospitien ★ – ★★
Krahnenufer 19, 54290 Trier
Tel. 06 51//9 45 12 10, Fax 9 45 20 60
25 ha, 90 % Riesling
Die Stiftung des öffentlichen Rechts nennt den
ältesten deutschen Weinkeller ihr eigen. Im Al-
leinbesitz der Hospitien befindet sich u. a. der
Trierer Augenscheiner und die Wiltinger Hölle.
Neben den fruchtigen Rieslingen ist auch der
trockene Graue Burgunder ❶–❷ sehr begehrt.

Weingut Petgen-Dahm ★ – ★★
66706 Sehndorf-Perl
Tel. 0 68 67/3 09, Fax 13 67
5,5 ha, 10 % Riesling
In der einzigen Weinbaugemeinde des Saarlan-
des dominieren die Burgundersorten: Auxerrois,
Weiß- oder Grauburgunder. Ralf Petgen hat sich
über die Jahre hinweg einen guten Ruf für
schlanke, würzige Gewächse geschaffen.

Weingut Stephan Steinmetz ★ – ★★
Am Markusbrunnen 6, 54439 Wehr
Tel. 0 65 83/2 34, Fax 18 48
5 ha, Elbling, Burgunder, kein Riesling

Mittels reduzierter Erträge und schonender
Pressung erzeugt der
junge Stephan Stein-
metz mit die schönsten Elblingweine ❶ und
-sekte ❷ der Obermosel: frisch, saftig, nachhal-
tig. Die schlanken Gewächse aus Burgunder-
trauben (Weiß- und Spätburgunder) nicht zu
vergessen.

Weingut Schloss Thorn ★ – ★★
Schloss Thorn, 54439 Palzem
Tel. 0 65 83/4 33, Fax 14 33
18,3 ha, 30 % Riesling

Im ältesten Schlossweingut
an der Mosel, seit 1534 in
Familienbesitz, streitet Dr.
Georg Baron von Hobe-Gel-
ting unermüdlich für den Elbling. Aus dieser uralten
Sorte erzeugt er nicht bloß
frische Zechweine, sondern sogar Auslesen und
Beerenauslesen. Probierenswert sind auch von
Hobes roséfarbene Spezialitäten aus der Mutati-
on Roter Elbling ❷, der rote Schwarzriesling ❸
und die fruchtigen Rieslinge ❷, die sich dank
des Muschelkalkbodens deutlich von ihren
schiefergeprägten Vettern der übrigen Mosel
unterscheiden.

Die Vinoteca-Empfehlungen

In dieser Tabelle finden Sie Weine verschiedener Preisgruppen und Qualitäten, die wir für besonders erwähnenswert erachten. Leider können wir keine Garantie dafür übernehmen, dass diese Weine noch lieferbar sind, und ihre Qualität kann von Jahr zu Jahr schwanken. Je nach dem, wo Sie die Weine kaufen, können Preisunterschiede auftreten.

Weinname	♀♀	★	❶	—	⬬
Elbling Qualitätswein garantierten Ursprungs, Stephan Steinmetz (S. 70)	frisch, trocken, spritzig	★	❶	mindestens 2–3 Jahre lagerfähig	Zwiebelkuchen, Omelett, Brotzeit
Riesling Gold-Quadrat, Weingut Sybille Kuntz (S. 61)	trocken, kraftvoll, kompakt, reife Zitrusaromen	★★★	❷	mindestens 5–6 Jahre lagerfähig	Fisch, Kalbfleisch, Wild mit fruchtigen Saucen
Kanzemer Altenberg Riesling QbA trocken, von Othegraven (S. 67)	trocken, ausgewogen	★★★	❸	mindestens 6–7 Jahre lagerfähig	gegrillter Fisch
Ayler Kupp Riesling Kabinett halbtrocken, Peter Lauer (S. 67)	leicht, würzig, saftig, ausgewogen	★★	❷	mindestens 4–5 Jahre lagerfähig	Zander in Riesling-Sahne-Sauce, Tafelspitzsülze
Piesporter Goldtröpfchen Riesling Spätlese, Reinhold Haart (S. 59)	duftig, würzig, lang, cremige Süße	★★★	❸	mindestens 10–15 Jahre lagerfähig	solo, als Aperitif
Detzember Maximiner Klosterlay Riesling Auslese, Walter Rauen (S. 63)	würzig, kraftvoll, ausgewogen	★★★	❷	mindestens 4–5 Jahre lagerfähig	Spießbraten, gegrillter Mosel-Zander
Zeltinger Sonnenuhr Riesling Auslese, Markus Molitor (S. 62)	von Edelfäule geprägt	★★★★★	❺	mindestens 20 Jahre lagerfähig	pur genießen!
Wehlener Sonnenuhr Riesling Eiswein, Studert-Prüm (S. 65)	Duft nach exotischen Früchten, feines Süße-Säure-Spiel	★★★★★	❺	mindestens 20 Jahre lagerfähig	Süßspeisen, Gebäck
Graacher Domprobst Spätburgunder trocken, Dr. Pauly-Bergweiler (S. 63)	würzig, schlank, nur ganz leicht vom Holz geprägt	★★★	❷	mindestens 3–4 Jahre lagerfähig	gebratenes Rindfleisch, Wild
Sekt Blanc de Noirs Brut, Reverchon (S. 68)	würziger, leicht von der Hefe geprägter trockener Sekt	★★	❸	innerhalb von 2–3 Jahren trinken	als festlicher Aperitif

Gut einkaufen

Beim Winzer

Beim Erzeuger macht der Einkauf am meisten Freude. Hier kann man sich nicht nur die schönsten Weine aus dem Sortiment aussuchen. Viele Winzer sind auch gerne bereit, Ihnen den Betrieb oder ihre Weinberge zu zeigen (Voranmeldung ist in diesem Fall jedoch ratsam), mit Ihnen zu fachsimpeln oder einfach Ihre Fragen zu beantworten.

Im Anbaugebiet Mosel-Saar-Ruwer können Sie im Prinzip in jedem Ort direkt beim Erzeuger oder bei den Winzergenossenschaften einkaufen. Damit Sie nicht vor verschlossenen Türen stehen, sollten Sie sich jedoch vorher nach den Öffnungszeiten erkundigen. Am besten vereinbaren Sie einen festen Termin, damit man sich Ihren Wünschen auch gebührend widmen kann. Die Preise sind zumindest bei den bekannten Gütern nicht unbedingt niedriger als im Fachhandel, doch bekommen Sie dort ein authentisches Bild, wo Ihr Wein gewachsen ist.

Bei kleineren Gütern oder Genossenschaften können Sie unter Umständen ein Schnäppchen machen, wenn Sie vor Ort einkaufen.

Vorsicht Hitzestau

Achten Sie bei einer Reise im Sommer und im Winter darauf, Ihren gekauften Wein nicht übermäßig lange im Auto liegen zu lassen. Starke Temperaturschwankungen sind der Qualität nicht sonderlich zuträglich. Kaufen Sie ihn lieber erst am Ende einer Reise, oder lagern Sie ihn an einem geeigneten Platz zwischen.

Im Fachgeschäft

Hier gehen Sie auf Nummer sicher. Die Fachhändler sind meist auf einige Anbaugebiete oder Länder spezialisiert und kennen ihre Ware. Wenn Sie einen Händler gefunden haben, der auf Weine von Mosel-Saar-Ruwer spezialisiert ist, werden Sie merken, dass die fachliche

Bewertung der Einkaufsquellen

Ort	Sortiment	Probiermöglichkeit	Preis	Lieferservice	Beratung
Erzeuger, Genossenschaft	beschränkt auf die Gutsweine	sehr gut	entsprechend Klassifikation	ab bestimmter Menge	sehr gut
Fachgeschäft	gut bis sehr gut	je nach Angebot	je nach Schwerpunkt	kaum	gut bis sehr gut
Versender	gut bis sehr gut	nur bei Probeanforderung	durch Versandkosten etwas höher	nur Lieferservice	gut
Messe	je nach Schwerpunkt	in der Regel gut bis sehr gut	meist nur Ordermöglichkeit	keiner	sehr gut
Supermarkt	im unteren Preissegment breites Angebot	nur bei Aktionen	je nach Angebot	keiner	gering bis gut

Betreuung hier ganz groß geschrieben wird.
Auch für Sammler oder Raritätensuchende ist
der Fachhandel besonders geeignet, denn wenn
es um die Beschaffung seltener Weine geht, sind
Sie hier an der richtigen Stelle.

Im Weinversandhandel

Weinversender sind mittlerweile über die ganze
Bundesrepublik verstreut, und die georderten
Weine sind in der Regel in wenigen Tagen bei
Ihnen – auf Wunsch sogar über Nacht. Das Ein-
kaufserlebnis beschränkt sich bei dieser Art des
Weinkaufs jedoch lediglich auf die freudig er-
wartete Lieferung. Fragen Sie nach Probeliefe-
rungen, die oftmals zu einem Sonderpreis angeboten werden.

Bei Messen

Auch auf Weinmessen, die nicht ausschließlich
einem Fachpublikum vorbehalten sind, können
Sie Weine von Mosel-Saar-Ruwer ordern. Achten Sie jedoch darauf, Ihre Auswahl sorgfältig zu
treffen und sich nicht von einem eifrigen Verkäu-
fer überrumpeln zu lassen. Hier gilt die Devise:
kühlen Kopf bewahren.

Im Supermarkt

Mittlerweile haben Kaufhäuser und der Lebens-
mitteleinzelhandel in Bezug auf Wein mächtig
zugelegt. Häufig gibt es kleine Vinothek-ähnli-
che Bereiche mit einem außergewöhnlich guten
Sortiment. Wenn Sie fachkundige Beratung wünschen, werden Sie in den meisten Fällen fündig.
Vor allem große Kaufhaus-Ketten legen Wert
darauf, ihr Personal aus den Lebensmittelabtei-
lungen zu schulen und sind sich des Stellenwer-
tes der Weine bewusst.

FRAGEN AN DEN VERKÄUFER

Nachdem Sie dieses Buch gelesen haben, wissen
Sie eine Menge über Weine von Mosel-Saar-Ruwer, die Weingüter, die Jahrgänge, den Anbau.
Folgende Fragen zum Erzeuger Ihrer Wahl und
seinen Weinen sollten Sie beim Einkauf stellen.

Aus welchen Rebsorten stammt der Wein
und wie hoch ist ihr jeweiliger Anteil?
(S. 18–19)

Auf welchem Boden sind die Reben gewachsen und welche Auswirkung hat er
auf den Wein? (S. 20–21)

Hat man die Trauben mit der Hand geerntet oder wurden sie mit der Maschine gelesen? (S. 22–23)

Wie lange lag der Wein auf der Maische
und wie lange dauerte der Gärungspro-
zess? (S. 24–25)

Wie wurde der Wein ausgebaut: im Edel-
stahltank, im Holzfass, in der Barrique?
(S. 24–25)

Um welche Art von Produzenten handelt
es sich: Winzer oder Genossenschaft? Ist
es ein Traditionsbetrieb? (S. 54–70)

War es ein außergewöhnlicher Jahrgang?
(S. 28–29)

Um welche Art von Wein handelt es sich:
jung, alt, leicht, schwer? Zu welchem Essen passt er am besten? (S. 50–51)

Ist der Wein zum sofortigen Genuss ge-
dacht oder sollte er gelagert werden?
(S. 28–29)

Klug einkellern: Weine von Mosel-Saar-Ruwer

Wenn Sie sich in Ihrem Weinkeller oder -regal ein Sortiment der Weine von Mosel-Saar-Ruwer anlegen möchten, gibt es ein paar Dinge, die Sie beachten sollten. An erster Stelle steht die Temperatur: Achten Sie darauf, dass Ihre Weine während der Lagerung keinen großen Temperaturschwankungen ausgesetzt sind. Generell gilt: Lieber das ganze Jahr über bei 18 °C gelagert, statt im Sommer bei 25 und im Winter bei 8 °C. Idealen Wert: 10 bis 12 °C.

Planungsphase

Bevor Sie Weine kaufen, sollten Sie sich über den Stellenwert, den Weine von Mosel-Saar-Ruwer für Sie haben und über Ihr Budget im Klaren sein. Anhand unten stehender Übersicht können Sie testen, wie wichtig Ihnen die Weine sind:

	30	20	10	Punkte
Wie wichtig sind Ihnen Weine von Mosel-Saar-Ruwer?	Ich trinke sie sehr gerne.	Sie sind mir nicht so wichtig.	Sie schmecken mir nicht.	
Haben Sie geeignete Lagermöglichkeiten?	Kellerraum	Abstellkammer	Regal	
Wieviel Wein trinken Sie pro Woche?	über 4 Flaschen	bis zu 4 Flaschen	weniger als 2 Flaschen	
Gesamtpunktzahl				

Nun können Sie die Gesamtpunktzahl mit den folgenden Beispielen vergleichen. Wir haben einige Weine für Sie zusammengestellt, die Ihnen einen kleinen Anhaltspunkt geben sollen, welche Weine man für welchen Preis bekommt. Weitere Vorschläge zu den Weinen finden Sie in unserem Kapitel über die einzelnen Weingüter, Seite 54 ff.

80–90 Punkte

Sie sind Weinkenner und lieben Weine von Mosel-Saar-Ruwer. Sie sollten in Ihrem Weinkeller eine eigene Mosel-Saar-Ruwer-Abteilung einrichten. 1500 DM/750 € müssen Sie dafür ausgeben. Unser Sortimentsvorschlag:

12 Flaschen Elbling trocken ❶	DM	90,–
18 Flaschen Riesling Hochgewächs ❶	DM	160,–
12 Flaschen Riesling Kabinett ❷	DM	140,–
6 Flaschen Weißburgunder QbA ❷	DM	80,–
12 Flaschen Riesling Spätlese ❷	DM	200,–
12 Flaschen Riesling Spätlese ❷	DM	200,–
6 Flaschen Spätburgunder QbA ❷	DM	100,–
3 Flaschen Riesling Auslese ❹	DM	100,–
2 Flaschen Riesling Eiswein ❺	DM	200,–
1 Riesling Trockenbeerenauslese ❺	DM	180,–
84 Flaschen total	DM	1450,–

50–70 Punkte

Sie trinken Weine von Mosel-Saar-Ruwer sehr gerne und sollten sich ein breites Sortiment anlegen. Ausgeben müssen Sie dafür etwa 500 DM/250 €. Unser Sortimentsvorschlag:

6 Flaschen Elbling trocken ❶	DM	45,–
12 Flaschen Riesling Kabinett ❷	DM	140,–
6 Flaschen Riesling Spätlese ❷	DM	100,–
3 Flaschen Spätburgunder QbA ❷	DM	50,–
3 Flaschen Weißburgunder QbA ❷	DM	40,–
2 Flaschen Riesling Auslese ❹	DM	75,–
32 Flaschen total	DM	450,–

20–40 Punkte

Für Sie haben Weine von Mosel-Saar-Ruwer keinen außergewöhnlichen Stellenwert. Sie sollten ein paar Flaschen im Keller haben, die sich lagern lassen und ab und an eine davon öffnen, wenn Ihnen danach ist. Mit 190 DM/95 € sollten Sie rechnen. Unser Sortimentsvorschlag:

9 Flaschen Riesling Kabinett, Spätlese ❷	DM	120,–
2 Flaschen Spätburgunder QbA ❷	DM	35,–
1 Flasche Riesling Auslese ❹	DM	35,–
12 Flaschen total	DM	190,–

Richtig servieren

Zum Weingenuss gehört das richtige Glas. Leichte Weine sollte man aus schmalen Gläsern trinken. In ihnen gelangen die feinen Aromen gebündelt in Nase und Gaumen. Körperreiche Gewächse vertragen etwas mehr Platz im Glas, um die Aromastoffe voll zu entfalten und bevorzugen die etwas bauchigeren Varianten. Dessertweine haben ein zartes Bukett und schmecken deshalb aus kleineren Kelchen am besten. Generell gilt: Je voluminöser ein Wein, umso größer darf das Weinglas sein.

Hier sehen Sie drei gute Beispiele für Weine von Mosel-Saar-Ruwer: Links ein einfaches Glas für weiße und rote Alltagsweine. In der Mitte ein stilvolles Glas für fruchtige, frische Weißweine. Ein zartes Bukett steigt aus einem schlanken Kelch besonders fein in die Nase. Rechts ein voluminöses Weißweinglas, das reifen Weinen gerecht wird.

Tipp zum Spülen der Gläser

Die meisten der heute handelsüblichen Gläser können Sie getrost in die Spülmaschine stellen.

Manche Erzeuger empfehlen dies sogar, da die Gefahr hier nicht so groß ist, dass ein Glas zerbricht, wie beim Spülen mit der Hand. Geben Sie möglichst wenig Reinigungsmittel in die Maschine und wischen Sie die Gläser sofort nach dem Spülgang mit einem sauberen, fusselfreien Tuch trocken. So vermeiden Sie Schlieren.

Achten Sie auf die richtige Ausschanktemperatur. Die Tabelle unten gibt Auskunft. Zu kühl ist in jedem Fall besser als zu warm. Bei Zimmertemperatur, die ja meist über 20 °C liegt, erwärmen sich die Weine im Glas rasch, und die Trinktemperatur steigt schnell um einige Grade an.

7 – 9 °C	Sekt
9 – 11 °C	leichte Weißweine (Elbling, Riesling Hochgewächs)
10 – 13 °C	komplexere Weißweine (Spät- und Auslesen, Beerenauslesen)
12 – 14 °C	leichte Rotweine
um 16 °C	komplexere Rotweine

Ein schlanker Kelch für Alltagsweine.

Ein schlanker Kelch für trockene, junge Weißweine.

Ein voluminöses Weißweinglas für Weine mittlerer Säure und reifere Tropfen.

B E Z U G S Q U E L L E N

(* überregionale Anbieter oder Versender)

86150 Augsburg, Vinothek Wein & Design
Tel. 08 21/31 27 91
14199 Berlin, Gute Weine
Tel. 0 30/8 24 30 34, Fax 8 23 29 29
12161 Berlin, rot & weiß
Tel. 0 30/8 51 90 39
28217 Bremen, Ludwig von Kapff*
Tel. 04 21/3 99 43 00
28015 Bremen, Segnitz & Co.*
Tel. 0 42 03/813 00, Fax 81 30 99
29221 Celle, Weinhandlung Richard Bornhöft
Tel. 0 51 41/68 00
09130 Chemnitz, Weinfachhandlung A. Peitek
Tel. 03 71/4 02 62 53
64283 Darmstadt, Eiseles Weinschmecker
Tel. 0 61 51/2 90 86 04
44149 Dortmund, Mövenpick Weinland*
Tel. 02 31/96 51 56
40129 Düsseldorf, Jacques Weindepot*
Tel. 02 11/3 90 02 63, Fax 3 90 92 68
45309 Essen, Weinzeche*
Tel. 02 01/55 00 24
24939 Flensburg, C. C. Petersen
Tel. 04 61/2 51 03
60487 Frankfurt am Main, Wein-Societät
Niebuhr
Tel. 0 69/70 56 07
22085 Hamburg, Cord Stehr GmbH
Tel. 0 40/22 54 09
20243 Hamburg, HAWESKO*
Tel. 0 41 22/50 44 33, Fax 5 10 68
45699 Herten, Weinkontor Herten
Tel. 0 23 66/3 70 20
24105 Kiel, Martin's Weindepot
Tel. 04 31/8 57 76
50667 Köln, Fegers & Unterberg & Berts*
Tel. 02 21/9 25 93 00
50674 Köln, Fischers Weingenuss & Tafel-
freuden
Tel. 02 21/3 10 84 70, Fax 31 08 47 89
51149 Köln, Les Amis du Vin
Tel. 0 22 03/93 50 40

78462 Konstanz, Weinmarkt an der Laube
Tel. 0 75 31/2 21 31
47799 Krefeld, Vom Ende & Pohl
Tel. 0 21 51/2 56 56
04103 Leipzig, Tabak und Spirituosen M. Wartig
Tel. 03 41/9 61 19 62
23552 Lübeck, Nordisches Weinhaus
Tel. 04 51/7 27 60
88709 Meersburg, Weinhandlung Georg Hack
Tel. 0 75 32/90 97, Fax 90 99
81675 München, Feinkost Käfer
Tel. 0 89/4 16 81
81543 München, World of Wine
Tel. 0 89/65 24 24
48143 Münster, Weinhandlung Hassenkamp
Tel. 02 51/4 38 43
90478 Nürnberg, Wein-Studio Meyer
Tel. 09 11/40 83 84
49080 Osnabrück, Wein Krämer
Tel. 05 41/8 83 37
18055 Rostock, Weinhandel Rostocker Hof
Tel. 03 81/4 90 98 45
42651 Solingen, Weinhaus Idelberger
Tel. 02 12/20 49 65
67346 Speyer, Weinkontor Schwarz
Tel. 0 62 32/7 75 66
70329 Stuttgart, Weinagentur Mühlthaler
Tel. 07 11/4 20 23 79

Lebensmittelhandel mit gutem Mosel-Saar-Ruwer-Angebot:

Globus, Dohle/Hit, Kartstadt/Hertie, Kaufhof,
Wertkauf, Handelshof, Familia, real, Edeka.
Gut in Preis und Leistung unter 10 DM: Aldi, hl,
Lidl, penny, minimal.

W E I N E I N K A U F A N D E R M O S E L

Vinothek in der Tourist-Information Trier
An der Porta Nigra, 54290 Trier
Tel. 06 51/97 80 80, Fax 4 47 59

Vinothek im Weinkulturellen Zentrum
Cusanusstraße 2, 54470 Bernkastel-Kues
Tel. 0 65 31/41 41, Fax 41 55

ADRESSEN AN MOSEL-SAAR-RUWER

Tourismus allgemein
Geschäftsstelle Moselfestwochen
Kultur & Kur GmbH, Im Kurpark, 54470 Bern-
kastel-Kues
Tel. 0 65 31/30 00, Fax 38 94

Mosellandtouristik GmbH
Gestade 12-14, 54470 Bernkastel-Kues
Tel. 0 65 31/20 91, Fax 20 93

Rheinisches Landesmuseum
Weimarer Allee 1, 54290 Trier
Tel. 06 51/9 77 40, Fax 9 77 42 22

Städtisches Verkehrsamt Zell
Rathaus, 56851 Zell
Tel. 0 65 42/1 94 33, Fax 56 00

Tourist-Information Bernkastel-Kues
Gestade 5, 54470 Bernkastel-Kues
Tel. 0 65 31/40 23, Fax 79 53

Tourist-Information Cochem
Endertplatz 1, 56812 Cochem
Tel. 0 26 71/39 71, Fax 84 10

Tourist-Information Trier
An der Porta Nigra, 54290 Trier
Tel. 06 51/97 80 80, Fax 4 47 59

Verbandsgemeinde Saarburg
Graf-Siegfried-Straße 32, 54439 Saarburg
Tel. 0 65 81/92 81 19, Fax 92 81 20

Verkehrsamt Traben-Trarbach
Bahnstraße 22, 56841 Traben-Trarbach
Tel. 0 65 41/8 39 80, Fax 83 98 39

Verkehrsamt Winningen
August-Horch-Straße 3, 56333 Winningen
Tel. 0 26 06/22 14, Fax 3 47

FÜR WEININFORMATIONEN

Bernkasteler Ring e. V.
Karl Kirch, Adenauerstraße 9, 54318 Mertesdorf
Tel. 06 51/5 76 87, Fax 5 28 11

Ecovin Mosel-Saar-Ruwer e. V.
Bahnhofstr. 5, 54538 Kinheim-Kindel
Tel. 0 65 32/27 14, Fax 15 94

Freunde des Saarweines
Bert Simon, Römerstraße 63, 54455 Serrig
Tel. 0 65 81/22 08, Fax 22 42

Großer Ring VDP Mosel-Saar-Ruwer e. V.
Gartenfeldstraße 12a, 54295 Trier
Tel. 06 51/7 50 41, Fax 7 28 91

Mosel 2000
Eberhard Schönberger, Im Mellicher Berg 1,
54518 Bruch
Tel. 0 65 78/9 88 11, Fax 9 88 12

Mosel-Saar-Ruwer Wein e. V.
Gartenfeldstraße 12a, 542995 Trier
Tel. 06 51/4 59 67, Fax 4 54 43

Riesling-Freundeskreis Weinbruderschaft
Augusta Treverorum e. V.
Oleviger Straße 22, 54295 Trier
Tel. 06 51/7 57 41, Fax 99 41 12

Ruwerriesling e.V.
Verbandsgemeinde Ruwer, Rheinstr. 44
Tel. 06 51/55 10

Weinbruderschaft Mosel-Saar-Ruwer e. V.
Schanzstraße 33, 54470 Bernkastel-Kues
Tel. 0 65 31/9 61 00

Weingüter der Obermosel e. V.
Gartenfeldstraße 12a, 54295 Trier
Tel. 06 51/9 94 04 70, Fax 9 94 04 71

Im FALKEN Verlag sind zahlreiche Titel zum Thema »Wein« erschienen. Sie finden sie überall dort, wo es Bücher gibt.

Sie finden uns im Internet:
www.falken.de und www.vinoteca.falken.de

Dieses Buch wurde auf chlorfrei gebleichtem und säurefreiem Papier gedruckt.

Der Text dieses Buches entspricht den Regeln der neuen deutschen Rechtschreibung.

ISBN 3 8068 7543 X

© 2000 by FALKEN Verlag, 65527 Niedernhausen/Ts.

Umschlaggestaltung: Peter Udo Pinzer
Konzept: Dr. Gerhard Kebbel
Redaktion: Sabine Rumrich, Marion Rupp, Ingo Swoboda
Producing: Hepfinger:De[sign], Freising
Umschlagfoto: Fotografie Friedemann Rink/Susa Kleeberg, Naurod
Fotos und Illustrationen im Innenteil: Faber & Partner, Düsseldorf; FALKEN Verlag; W. Feiler, Karlsruhe; Thewalt, Wittlich; TLC, Velen-Ramsdorf; Vinum, das internationale Weinmagazin
Karten: Ruedi d'Orsini, Freising

Die Ratschläge in diesem Buch sind von Autor und Verlag sorgfältig erwogen und geprüft, dennoch kann eine Garantie nicht übernommen werden. Eine Haftung des Autors bzw. des Verlags und seiner Beauftragten für Personen-, Sach- und Vermögensschäden ist ausgeschlossen.

Satz: sablNe vogt dtp, Freising
Litho: Lithotronic GmbH, Frankfurt am Main
Druck: Ernst Uhl, Radolfzell

817 2635 4453 6271